现代警官高等职业教育规划教材

法 律 咨 询

FA LÜ ZI XUN

主　编◎寻会云

副主编◎白素芳

撰稿人◎（以撰写内容先后为序）

白素芳　阎　雯

寻会云　张金锁

中国政法大学出版社

2015·北京

图书在版编目（C I P）数据

法律咨询/寻会云主编.—北京：中国政法大学出版社，2015.2（2023.8重印）

ISBN 978-7-5620-5897-7

Ⅰ．①法… Ⅱ．①寻… Ⅲ．①法律-咨询服务-教材 Ⅳ．①D90

中国版本图书馆CIP数据核字(2015)第024465号

出 版 者	中国政法大学出版社
地　　址	北京市海淀区西土城路 25 号
邮　　箱	fadapress@163.com
网　　址	http://www.cuplpress.com (网络实名：中国政法大学出版社)
电　　话	010-58908435(第一编辑部) 58908334(邮购部)
承　　印	保定市中画美凯印刷有限公司
开　　本	720mm×960mm　1/16
印　　张	13
字　　数	233 千字
版　　次	2015 年 2 月第 1 版
印　　次	2023 年 8 月第 5 次印刷
定　　价	29.00 元

现代警官高等职业教育规划教材
编审委员会

顾　问

崔国红　山西省司法厅厅长

句轶旺　山西省监狱管理局局长

王　伟　山西省戒毒管理局局长

编委会主任

李效民　山西省监狱管理局政委

编委会副主任

谭恩惠　山西警官职业学院党委书记　教授

许文海　山西警官职业学院院长　高级法官

杜仁义　山西警官职业学院副院长　教授

编委会成员

李麦样　山西警官职业学院教务处处长　　副教授

王春芳　山西警官职业学院教务处副处长　副教授

赵秀伟　山西警官职业学院监所管理系主任　副教授

寻会云　山西警官职业学院应用法律系主任　副教授

刘贵强　山西警官职业学院信息工程系主任　副教授

张　勇　山西警官职业学院安全防范系主任　高级政工师

谢宽物　山西警官职业学院公共基础教学部主任　副教授

杨海娥　山西警官职业学院政治理论教研部主任　副教授

陈国伟　山西警官职业学院警体教学部主任　副教授

贾建斌　山西警官职业学院中等职业技术教育部主任　高级政工师

编 写 说 明

　　警官类高等职业教育如何实现与政法行业人才需求零对接，是目前一个亟待解决的重大课题。山西警官职业学院坚持"就业导向、能力本位"的宗旨，在专业建设、课程建设、实践教学条件建设、师资队伍建设、教学信息化建设和教学质量监控等方面做了大量有益的探索，取得了较大成效，本次推出的系列规划教材正是其中一项改革尝试。本套教材在编写过程中，坚持"课岗融合"理念，力求兼顾高等职业教育教学和干部培训需要，在教学内容和教学结构重组方面作了大胆的改革与创新，希望通过本套教材的实践，进一步推动教学过程的职业化、项目化和任务化，为提高教育教学质量奠定良好基础。

　　本系列教材的主要特点有：

　　1. 校行合作编写，职业特色明显。本系列教材注重校行合作，所有教材均有行业专家或一线骨干教师参与编写和审稿，从教材内容的选取到专业术语的组织，均经过行业人员的审核把关，突出了相关职业或岗位群所需实务能力的教育和培养，保证了教材与行业实际工作的对接，具有很强的实用性。

　　2. 体例设计新颖，方便学生学习。本系列教材针对各课程教学目标需要，在体例上设置了学习目标、引导案例（或新闻素材）、案例评析、实务训练、延伸阅读、思考练习等相关教学项目，引导学生快速掌握学习内容，促进学以致用，丰富教学形式，拓宽学习视野，促进巩固提高。

　　3. 理论联系实际，注重能力培养。本系列教材针对警官类高职学生的特点，以职业岗位需求为导向，选用了大量的案例、资料和实务素材，将我国现行法律、法规、司法解释和岗位工作标准要求，与案例、材料分析、实务操作紧密结合，使学生能够更为直观地体会法律的适用，体验工作的情境和流程，增强学生的综合能力。

　　本系列教材共9本，在其编写过程中借鉴吸收了相关教材、论著成果和网络媒体资料，中国政法大学出版社给予作者们大力支持和指导，责任编辑在审读校阅过程中更是付出了辛勤的劳动，在此一并表示谢忱！由于受作者的理论水平和实践能力限制，加之时间紧、任务重，教材中难免出现不足和疏漏，敬请专家、学者、实践工作者批评指正。

　　　　　　　　　　现代警官高等职业教育规划教材编审委员会
　　　　　　　　　　2014 年 12 月

前　言

　　与普通高等法律教育相比，高职法律教育在培养目标上更注重培养具有一定动手能力、能够从事基层法律服务工作或辅助工作的实用型人才，在教学内容上更侧重于对实用技能、动手能力的培养和训练。为此，高职法律职业教育者们已达成共识——《法律咨询》应当成为法律事务专业的实训科目，并将其写进了法律事务专业人才培养方案中。

　　然而，《法律咨询》课程长期以来在教育模式上主要采取课堂讲授的方法，以学习法律咨询过程中的相关规则、技巧，全面掌握相关理论知识为学习的必要手段，缺乏有效的法律咨询实训教材，更缺乏系统的、有针对性的实战演练教材。为解决这一问题，山西警官职业学院与山西金贝律师事务所合作编写了《法律咨询》一书，旨在解决实际教学、训练时的迫切需要，亦有利于学生的职业技能、职业素质和实战技能的培养。

　　《法律咨询》一书包括理论学习和实务训练两部分。理论学习部分概括性地阐述了法律咨询从业者的基本能力以及法律咨询的基本程序、方法等原则性规范。实务训练部分则紧紧围绕法律工作者常见的法律咨询类型，有针对性地设置了训练内容，这一部分共包括6个训练单元，要求完成婚姻法、继承法、合同法、劳动法、交通法、刑法等常见的法律咨询的实务训练。

　　在教材编写体例上，编者根据法律事务专业人才培养方案构建的课程体系，设计了实务训练部分中"知识储备"的两种基本模式，即：针对已开设课程设计的实务训练单元，其"知识储备"要求简明扼要，提示必备"知识要点"；针对人才培养方案中未开设课程设计的训练任务，其"知识储备"要把主要的法律知识阐述清楚，再依据常见法律咨询问题的种类设计若干训练任务。该教材主要适用于高职高专法律事务专业的学生，若对致力于从事法律职业工作的人士有所裨益，亦为编者莫大之荣幸。

　　本教材是编写者们集体智慧的结晶。他们在实践中积累经验，在探索中结出成果，其编写分工如下（以撰写内容先后为序）：

　　白素芳：学习单元一至学习单元七、训练单元四；

　　阎　雯：训练单元一、训练单元二；

　　寻会云：训练单元三、训练单元六；

　　张金锁：训练单元五。

　　由于本教材在编写过程中缺乏必要的专著、相关教材等资料予以借鉴，所以在编撰时综合参考和引用了公共媒体上部分律师的办案实例，在此，谨向这些实例的参与者和记录者表示诚挚的感谢。由于编者自身的局限性，书中所选训练内容或不全面，甚至有所疏漏和错误，敬请读者谅解并指正。

编　者

2014 年 12 月

凡 例

1. 本书行文中加书名号的法律、法规及司法解释的名称，意指特定的法律、法规及司法解释，如《中华人民共和国劳动法》专指第八届全国人民代表大会常务委员会第八次会议于 1994 年 7 月 5 日通过的《中华人民共和国劳动法》。与此不同，行文中出现的合同法、婚姻法等，未加书名号的，则泛指有关合同、婚姻等方面的法律、法规、规章及司法解释。

2. 为方便表达，本书中涉及的法律、法规、规章及司法解释等均采用简称，简称与全称的对应关系如下所示：

《合同法》——《中华人民共和国合同法》

《婚姻法》——《中华人民共和国婚姻法》

《婚姻法解释（一）》——《最高人民法院关于适用〈中华人民共和国婚姻法〉若干问题的解释（一）》

《婚姻法解释（二）》——《最高人民法院关于适用〈中华人民共和国婚姻法〉若干问题的解释（二）》

《婚姻法解释（三）》——《最高人民法院关于适用〈中华人民共和国婚姻法〉若干问题的解释（三）》

《继承法》——《中华人民共和国继承法》

《劳动合同法》——《中华人民共和国劳动合同法》

《劳动合同法实施条例》——《中华人民共和国劳动合同法实施条例》

《劳动争议调解仲裁法》——《中华人民共和国劳动争议调解仲裁法》

《侵权责任法》——《中华人民共和国侵权责任法》

《道路交通安全法》——《中华人民共和国道路交通安全法》

目录CONTENTS

上编　法律咨询的基本能力

下编　法律咨询的分项实训

上 编
法律咨询的基本能力

学习单元一　法律咨询概述

知识储备

一、法律咨询的概念

"咨询"一词，在汉语中有商量、询问、谋划和征求意见等意思。作为一种服务产业，现代意义上的咨询是指来自个体和组织外部的专业化技能，它以专门的知识、信息、经验为资源，针对不同的用户需求，提供解决某一问题的方案或决策建议。咨询师就是运用专业知识、技能和经验，通过咨询的技术与方法，帮助个人或组织解决问题或提供方案的专业人员。常见的咨询师有心理咨询师、管理咨询师、营销咨询师、战略咨询师等，法律咨询师也是其中一种，只是这一称谓在日常生活中并不常用。实际上，具有法律专业知识，接受他人法律咨询的人都可以称为法律咨询师，最常见的就是法律工作者、律师、法律顾问等。

法律咨询是指单位以及公民提出的有关法律事务的询问，被询机关及工作人员作出解释、说明，以及提供法律方面的意见、建议的法律服务等活动。接待法律咨询是法律工作者日常工作之一，但其意义却不平常。法律咨询弥补了没有法律知识人员的法律盲点，是向他们进行最直接、最高效的法律、政策宣传的方式，有助于他们提高法制观念。通过法律咨询，支持咨询者的正当要求，制止无理、非法的认识倾向，有助于息讼解纷，减少违法行为。正因为接待法律咨询事关维护社会稳定，促进安定团结，法律工作者必须练就法律咨询的基本功。

二、法律咨询的特征

（一）法律工作者工作部门与咨询者之间没有在一定期限内提供咨询服务的合同关系

法律咨询的含义有广义和狭义两种，广义的法律咨询包括聘请法律顾问，就专门的法律问题委托法律工作者进行法律论证等。狭义的法律咨询仅指一般性的口头询问，这种咨询一般都是咨询者和接受咨询者口头上达成一个共同的意向，即咨询者要咨询而接受咨询者同意其向自己咨询的意向，一般不会像委托代理或聘请法律顾问那样签订一个法律服务的合同。

（二）解答咨询的意见和建议不具有法律约束力

狭义的法律咨询一般都是法律工作者根据咨询者的陈述以及咨询者所携带的相关材料经过综合、分析后给咨询者提出一定的意见和建议，都是口头上的。法律工作者受委托就专门性问题进行法律论证一般要形成书面的论证意见。但不论是口头的解答还是书面的解答，法律工作者的咨询意见仅供咨询者为解决自己所遇到的问题作为参考，不具有法律约束力。

（三）提供法律咨询服务的内容具有广泛性

随着我国法律体系的不断健全和完善，法律已经渗透到我们生活的方方面面，大到国家的大政方针，小到邻里纠纷乡规民约都有可能成为法律咨询的内容。因此，法律咨询服务的内容具有广泛性，涉及社会的不同层次、不同方面。

（四）法律咨询服务对象范围广泛

法律咨询服务内容的广泛性决定了法律咨询服务对象的广泛性。从国家领导到平民百姓，从大型国企到个体工商户，从党政机关到私营企业，从老人到孩子都有可能成为法律咨询服务的对象。

（五）接受咨询主体的特定性

接受法律咨询的人一般都是具有一定工作经验的法律工作者及司法工作者，前者如基层法律服务工作者，后者如法官。

（六）法律咨询的服务手段不仅靠知识、技能，还凭借丰富的社会阅历和经验

法律是相对稳定的、有教条的，而现实生活却是时时在变化的，是鲜活的。因此，法律滞后于现实生活是必然的，用生硬的法条并不能解决生活中的所有问题。一些问题的解决需要依靠法律工作者对法律规定的深刻领悟与融会贯通，需要依靠法律工作者内心公平正义的理念，需要依靠法律工作者丰富的社会阅历和经验。

三、法律咨询的分类

1. 根据法律咨询的外在方式的不同，可将法律咨询分为现场咨询、电话咨询、网上咨询三类：

（1）现场咨询。即直接去法律工作者的事务所、法律援助机构、司法部门咨询。这种咨询方式的好处是，面对面地和咨询者交流，有助于把问题表述清楚，获得合理的解决方案。不足之处是不能在最短时间内获得解决方案，而且需要花费大量的时间以及一定的咨询费用。

（2）电话咨询。即直接给法律工作者、法律热线打电话进行咨询。这种咨询方式的好处是比较方便、及时。不便的地方是在电话中对咨询的问题谈不透、谈不深，而且对接受咨询者没有一个最基本的了解，难以获得恰当有效的咨询意见。

（3）网上咨询。即登陆专门的法律网站发布在线咨询。这种方式的好处是咨询方便、快捷，选择的途径多。不便的地方同电话咨询一样，难以获得最精要的咨询意见。

2. 根据所咨询问题的复杂程度，可将法律咨询分为简单咨询和复杂咨询。

（1）简单咨询通常是指对涉及法律关系比较单一、案情简单、矛盾相对缓和的案件所作的简要答复。

（2）复杂咨询通常是指对法律关系复杂、专业性强、涉及范围较广、社会影响大的案件所作的全面的、系统的解答。

3. 根据咨询内容的不同，可将法律咨询分为民事法律咨询、行政赔偿法律咨询、刑事法律咨询、诉讼程序法律咨询。

（1）民事法律咨询是就民事纠纷提供的法律咨询。

（2）行政赔偿法律咨询是就行政机关与受害人之间发生的国家赔偿提供的法律咨询。

（3）刑事法律咨询是就刑事案件提供的法律咨询。

（4）诉讼程序法律咨询是就民事诉讼、刑事诉讼、行政诉讼等程序提供的法律咨询。

此外，根据回答咨询的方式不同，还可将法律咨询分为书面法律咨询和口头法律咨询。

学习单元二　法律咨询从业者的职业要求

知识储备

法律咨询看似简单，但实际上对接受咨询者有着非常高的要求，刚刚取得法律职业资格、没有一定工作经验的法律工作者是难以胜任这一工作的。只有具有多年的执业经历、成熟的法律工作者才能成为一个合格的接受法律咨询的人。一个成熟的法律工作者需要具备综合的法律素养，除了专业技能要求要高之外，还要善于与人沟通，将自己的知识分享给需要指导的人。

一、法律工作者要遵守法律、法规，遵守职业纪律，恪守职业道德

俗话说"国有国法，家有家规"，任何一个组织、团体都有自己的行规、纪律，对于法律工作者而言，必须遵守国家的法律、法规，遵守法律工作者执业纪律。

法律工作者职业道德对法律工作者来说具有特殊重要的意义，甚至可以说是维持法律工作者生存和发展的至关重要的因素。法律工作者职业道德水平的高低，关系到法律工作者的声誉及整个法律工作者界的社会形象，关系到法律工作者职业存在的合法性、正当性。我国法律工作者宣誓誓词是"我志愿加入法律工作者队伍，成为中华人民共和国法律工作者和我国法律工作者协会的会员，严格遵守《法律工作者协会章程》，履行法律工作者义务，恪守法律工作者职业道德，勤勉敬业，为维护法律的正确实施，捍卫法律的尊严而努力奋斗"。因此，法律工作者在职业过程中一定要遵纪守法、遵守职业纪律、恪守职业道德。

二、法律工作者要有扎实的法学理论功底和宽广的知识层面

掌握专业的法律知识是法律工作者最基本的技能，也是法律工作者安身立命之根本。法律作为一种人们行为的规则，渗透于社会的方方面面。所以法律工作者不仅要具有扎实的法律知识功底，还应当具备哲学、逻辑、管理、心理等方面的社会科学及自然科学知识。另外，法律工作者还应当不断地学习法律专业知识和运用专业知识的技能，只有将所学的知识和现实结合起来，使知识得到充分灵活的运用，才能使咨询者信服法律咨询工作者的服务。

三、法律工作者要有高度的责任心

作为法律工作者，责任心是很重要的。责任心主要有以下几个方面：

1. 对于法律工作者职业的责任心。法律工作者不但要对所接受的案件负有责任心，还应当对自己从事的职业有认真负责的心态，忠于法律、忠于事实，依照法律规定保护委托人的正当权益。

2. 对委托人的责任心。法律工作者是提供法律服务的法律专业人员，正是由于当事人不懂法律，才聘请法律工作者提供法律服务，那么法律工作者接受委托后，对委托人应当有高度的责任心，要以自己的专业法律知识为委托人提供法律服务范围内全部的法律服务。

3. 对案件本身的责任心。法律工作者在接受案件后，应当全面了解案件事实，调取证据，查明案件适用的法律，认真与委托人谈话，了解案情，做好开庭的各项准备工作，在开庭中，忠于事实、忠于法律，在法律和委托人授权的范围内行使代理职责。

四、法律工作者要具有良好的语言及文字表达能力，分析、解决问题的能力和清晰敏捷的逻辑思维

语言是交流的工具，法律工作者必须具备表述流畅的能力，必须具有清晰的思路，必须具有严密的法律逻辑思维。法律工作者的工作总是周旋于各种纷争和争论之间，作为法律工作者就必须运用多样的表达方式，运用特有的法律逻辑思维将分析和灵活处理各种问题的方案清楚无误地陈述给咨询者，以取得咨询者的信任。

五、法律工作者要具备诚信品质

法律工作者要获得当事人的尊重与信赖，就必须以诚信为本，规范执业，否则，将失去客户的信任，损害法律工作者的形象。那些对当事人委托事项敷衍了事、玩忽懈怠，甚至收了费用不办事；采取滥做广告、贬损他人、压低价格等手段进行不正当竞争；在办案中提供虚假证据，或者诱导当事人提供虚假证据、出具虚假法律意见书等行为不仅违反了法律工作者的职业道德和执业纪律，而且严重影响了法律工作者的形象。作为一名法律工作者一定要有强烈的忧患意识，严格依照法律工作者职业道德和执业纪律办事，诚实守信。

六、法律工作者要掌握司法礼仪，维护法律工作者形象

礼仪会使自身形象增添魅力，是通向美好自由的必经之路。一个人的礼貌，就是一面照出他形象的镜子。法律工作者的礼仪之一是以尊重为本。尊重上级，团结同事；尊重当事人，及时把案件的相关信息告知当事人；尊重身边所有的人是法律工作者的基本修养。不尊重别人，实际上就是不尊重自己，更得不到对方的尊重。法律工作者的礼仪之二是着装得体，符合法律工作者的基本形象。法律工作者的行业不同于其他行业，法律工作者的形象直接关系当事人的看法，一个不修边幅的人同样也不可能把一个案件做好。法律工作者的礼仪之三是言辞客观、言简意赅。法律工作者，对待任何事情和问题都要站在客观、公正的角度去发表自己的看法。法律工作者更要善于总结归纳别人表达的意思，否则，若听不懂、看不懂别人的表达，就不能交流，就无法进行交往。

学习单元三　法律咨询从业者的基本能力

知识储备

法律工作者的基本技能是通过训练并经历实践锻炼，在实践中不断摸索总结逐渐形成的。事实上，技能也是一种知识，是一种经验型的知识，是通过训练可以迅速获得的。概括地讲，接受法律咨询的法律工作者应当具备以下几个方面的基本技能：

一、沟通交往的能力

（一）针对性

人们在社会上都要交往沟通，不论是认识的，还是陌生的，不论是找上门的，还是朋友介绍的，都无一例外需要通过交往沟通而建立关系并实现各自的目的。

法律工作者在与咨询者交往中，首先，要了解咨询者是什么人，了解其个性特点。其次，要了解咨询者目的，以便采取不同的方法进行交流。最后，交往沟通中，目的要明确，法律工作者有法律工作者的目的，咨询者有咨询者的目的。有些目的是事先要准备好的，有些目的是通过交往沟通后确定的，也会存在转变了原来的想法而设立了新的目的现象。

作为一名法律工作者，面对当事人的咨询，首先要考虑的是通过与当事人面对面地交流、倾听，了解其愿望和要求，在交流中给予恰当的判断和提示，使其心理上舒解并对你产生信任，愿意听取、接受你的意见甚至将法律事务委托给你。

（二）应变性

交往沟通的过程，既是相互初步认识了解的过程，又是相互展示自己能力的过程，因此，难免会遇到一些使人尴尬的局面，这就需要法律工作者具有灵活应变、镇静自若，胜不骄、败不馁的心理素质，以此化解难堪局面、更好地展现自己的能力。也就是说不论你的内心多么焦急忧虑，外表上必须像平静的池水一样沉着冷静。

（三）细节性

有些法律工作者把很多本应落实到细节的问题，一概都"大局观化"了。

比如言行举止的随意性，说话含糊其辞、词不达意，举止唯唯诺诺或拙劣地卖弄知识，以及不良的肢体语言习惯等。这样的法律工作者难以取得当事人的信任，如果在处理问题时，对咨询者求问的细节答不上来，对面临的复杂局面解决不好，很容易引起当事人的不信任。所以，对于法律工作者而言，细节很重要。比如，在接听电话时语速要适中、口齿清楚，让别人从电话交流中认为你解答问题条理清楚、沉稳干练，从而产生信赖感。再如，在与当事人直接接触时，避免使用忌讳的语言和不恰当的肢体动作，以免当事人感觉你太轻浮。

总之，在与咨询者沟通时，要注意针对具体的问题进行交流，不要跑题万里，要抓住细节梳理，有理有据地分析。切忌在分析问题时节制自己的情绪，不要跟随咨询者控诉纠纷的对立面，也不要对有过错的咨询者横加指责，百般批驳，这是不利于信任关系的建立的。

二、缜密的表达能力

法律工作者要有过硬的语言表达能力，能够清晰地表达自己的思想。语言是法律工作者最重要的"工具"，法律工作者要善于驾驭和运用语言，把握时宜的语境，条理清晰，以理服人。法律工作者语言的总体要求是：用词准确，逻辑缜密，层次分明；说话具有穿透力、感染力、震撼力。精彩的语言往往最能展示法律工作者的能力，迅速给咨询者留下深刻印象。

其实，法律工作者在工作中用语言表达思想和抒发情感是要符合特定语境和讲究效果的，如果法律工作者在注重提高专业技能的同时，能够增加一些语言表达能力的训练，如多朗读一些诗歌、散文，多进行一些演讲，充实自己的语言功底和掌握一些应用技巧，使自己不仅长于思辨，而且善于表达，就会收到意想不到的效果。

三、注意力集中的能力

咨询者进行咨询总是要解决特定的问题，或处理已经发生的争议，或预见可能发生的纠纷，或防范法律风险。在短时间的接触中，要准确把握咨询者的问题，正确判断咨询者的目的，就需要法律工作者培养自己注意力集中的能力。

法律工作者在工作中，良好的倾听能力与良好的谈话能力同等重要。倾听，不仅仅是一字一句地听咨询者所讲述的话，还必须用心去听，这是一项非常辛苦的工作。俗话说"听话听音，锣鼓听声"，要将法律工作者工作时被动的"听"变为一个主动沟通的过程，不仅要听到语言表面的含义，还要听出话语背后的问题。概括地说，首先要听懂对方叙述的主要内容、全面体察对方的意图甚至一些细节。其次要把握要领，正确回答对方的提问，反驳对方的错误观点，帮助对方分析利弊，释疑解惑。这一切必须在短时间内完成。注意力的集中一般来说是靠后天修炼的，往往表现于临时性无准备的场合。这就需要平时多多训练，也可做一些小体验，如听别人谈话，有意识地提炼其要点，归纳他讲话的中心思想和目的。经过训练你就会发现自己不但注意力集中的能力得到了提高，而且概括性能力也得到了提升，更重要的是，观察事物会变得快速而细致，最终得到咨询者对你能力的欣赏、信服。

四、书写的能力

法律工作者的书写能力突出体现在法律意见书、合同文本等工作成果上，这也是咨询者评价法律工作者服务的重要标准和依据。"书写"是法律工作者不可或缺的一项重要的技能。为回答咨询者的问题而形成的法律文书，都是非诉讼业务的法律文书，这类文书缺乏刚性要求，因此应当怎么写、在什么情况下需要写以及写什么等问题上缺乏一定之规。但是这类文书同样应当遵循对于法律文书的一般性要求，即文字运用上要恰当，表达清楚，主题鲜明，引用正确；内容上要精确翔实，事实和法律要言之有据，意见观点逻辑严谨，论述有力，忌讳含糊不清，啰啰嗦嗦；形式上要控制长度，言简意赅。

五、选择学习的能力

每个人从生下来直到离开这个世界都在自觉与不自觉的学习中，因为每个人都在与环境进行着信息交流，通过与环境的信息交流来改善自己的知识结构，并最终形成自己的思想。我们平常所说的学习是主动而自觉的学习，就是指在一定的时间、空间内大量地、系统地、全面地接受信息的过程，通过学习对某一领域、专业、学科、专门的知识有一个全面系统的认识和了解，为自己的生活、工作和事业打下良好的基础。是否要大量地、系统地、全面地学习，其实是每个人一生都在选择的问题。在现代社会，选择学习与不学习，选择学习什么，直接关系到如何把握选择自己命运的机遇。

当前，法律服务市场对一名法律工作者的基本要求是一专多能。因为法律体系博大精深，法律工作者的时间有限、天分有限，不可能样样精通，因此，法律工作者应该至少选择一两个法律部门作为自己的主攻方向，将主要的学习精力分配于这些法律部门里，而且必须持续地钻研这些法律部门，通过学习，法律工作者对这些法律部门要有自己的思考和实务观点。对于法律工作者来说，仅有观点和思考是远远不够的，能够准确地解决问题才是至关重要的，所以，法律工作者还要学习一些解决问题的方法和手段，如演讲（说服他人的能力）、礼仪（与人交往的能力）、写作（书面表达的能力）等。法律工作者是个法律职业人，更是社会人，因此，法律工作者应该具备基本的政治素养和经济知识，切不可"两耳不闻窗外事、一心只读法律书"，而应该与时俱进地学习政治和经济知识，多多阅读这方面的专著，以提升自己的知识层次，通过对政治和经济的学习把自己熏陶成为成熟、理性的社会人。

总之，做一名好的法律工作者需要有扎实的理论功底和宽广的知识阅历，要有兴趣地博览，丰富自己的知识面，更要有目的地钻研，提高自己的专业技能。所以一定坚持读好书，读有用的书，做到学以致用，厚积薄发。学习的过程须守得住志向，耐得住寂寞，不计眼前功利，为更好地参与社会竞争打基础。

六、法律关系分析和识别的能力

法律咨询从业者解答咨询者问题的过程，本质上是一个运用法律思维，从法律的角度对现实生活中发生的事情进行分析，然后告诉咨询者对于其咨询的问题，法律是怎么规定的，他应该怎么办的过程。这个过程中核心的部分就是从业者对法律关系的分析和识别。正确地分析、识别法律关系是法律咨询从业者需要掌握的最基本技能。

法律关系是由法律规定和调整的社会关系，是某种社会关系被法律规范调整之后所形成的权利和义务关系。一个国家的社会关系多种多样，并非所有的社会关系都是法律关系，只有那些由某种法律规范加以调整的关系才能称之为法律关系，所有的法律关系都是由不同的法律规范进行调整而形成的，它们都是特定社会关系的法律化。

法律规定的内容，不外乎法律关系之主体、客体、权利义务及其变动和变动的原因。法律关系的分析，是指通过理顺不同的法律关系，确定其要素及变动情况，从而全面地把握案件的性质和当事人的权利义务关系，并在此基础上准确地选择出应当适用的法律。

（一）分析法律关系的基本步骤

1. 抓住核心法律关系。明确争议的核心关系，围绕核心关系进一步分析"有关联的法律关系"，以及二者关系如何。例如，争议的焦点是无权代理行为是否有效，围绕该争议点可能涉及授权关系是否存在、相对人是否成立表见代理关系等"有关联的法律关系"，然后判断核心关系与有关联的法律关系之间的联系，例如授权关系的有因、无因等。

2. 确定是否产生了法律关系。现实生活中很多关系由道德、风俗、习惯、宗教等社会规范调整，法律并不介入。咨询者如果不明白这些问题，会陈述很多事情给从业者听，有些在法律上是有意义的，有些则毫无意义，法律咨询从业者要学会排除非法律关系因素，不受这些因素的干扰。例如，甲乙二人素来交好，甲邀请乙到家里做客，此为好意施惠关系，由当事人的私人友谊调整，两人不因这件事发生任何法律关系，不构成民法上的债权债务及违约责任问题。

3. 分析法律关系的性质，准确加以识别。一个法律关系的性质究竟如何，是合同关系、侵权关系、无因管理关系还是不当得利关系，不同的性质对确定当事人的权利义务影响很大。把握法律关系的性质，主要从纷繁的事实中分析法律关系三要素，通过法律关系三要素确定法律关系的性质。

（1）分析法律关系的主体。法律关系的主体，即法律关系的参加者，是法律关系中权利的享受者和义务的承担者。享有权利的一方称为权利人，承担义务的一方称为义务人。法律关系的主体包括公民（自然人）、法人和其他组织、国家。要成为法律关系的主体，应当具备权利能力和相应的行为能力。权利能力是权利主体享有权利和承担义务的资格；行为能力是权利主体能够通过自己的行为取得权利和承担义务的能力。

根据我国《民法通则》的规定，自然人分为完全行为能力人、限制行为能力人和无行为能力人三种。社会组织作为法律关系的主体也应当具有权利能力和行为能力，但是，其权利能力和行为能力不同于自然人。以法人为例，法人的权利能力、行为能力在法人成立时同时产生，到法人终止时同时消灭。

准确分析、判断法律关系的主体是确定法律关系性质的第一步，有很重要的意义，如果不能正确地确定法律关系的主体，就很难维护当事人的合法权益。

◎ 示范案例

法律关系主体分析

张三借李四80万元，后张三在一次事故中死亡。张三生前立有遗嘱两份，与王五签订有遗赠协议一份。其中，一份遗嘱要求将自己所有的150万元遗产中的40万元由其三儿子继承，三儿子是一个重度残疾人，既无劳动能力也无经济收入。另一份遗嘱要求将150万元遗产中的70万元由二儿子继承。在与王五签订的遗赠协议中约定，张三死后将150万元中的40万元赠与王五。张三有配偶及5个子女共6人是法定继承人。

【请问】李四应当向谁主张自己的债权？

【分析提示】本案中张三有6个法定继承人，但继承其遗产的只有二儿子和三儿子，其他法定继承人没有继承遗产，李四不能向他们主张权利，在二儿子和三儿子中也只能向二儿子主张权利，因为，《最高人民法院关于贯彻执行〈中华人民共和国继承法〉若干问题的意见》第 61 条规定："继承人中有缺乏劳动能力又没有生活来源的人，即使遗产不足清偿债务，也应为其保留适当遗产，然后再按继承法第 33 条和民事诉讼法第 180 条的规定清偿债务。"本案中，三儿子属于既无劳动能力也没有经济收入的重度残疾人，为其保留 40 万元的遗产是比较适当的，因此，三儿子不是李四可以主张权利的主体。

王五也是李四主张权利的主体，只是王五应当与二儿子按所得遗产的比例向李四承担清偿责任。也就是说，二儿子承担：$80 \times 70/(70 + 40) = 50.9$（万元）；王五承担 $80 \times 40/(70 + 40) = 29.1$（万元）。

（2）分析法律关系客体。法律关系客体是法律关系必备三要素之一，是指法律关系主体权利和义务所指向的对象。权利的享有和义务的承担是法律关系主体行为的直接意义，然而，权利和义务只有作用于一定具体的对象时才能实在化。因此，法律关系客体是实现主体法律活动意义的直接对象和承受者，只有具备了法律关系客体，法律主体的活动才能具体化、实在化。正确确定法律关系中的客体对完成咨询任务也是很重要的。

讨论案例

股权的客体属性

张三占有某公司 40% 的股份，在一次事故中张三死亡。

【讨论问题】 张三 40% 股份是否为继承法律关系的客体？

【讨论提示】 在这个案例中，张三 40% 股份到底是不是张三法定继承人间继承法律关系指向的客体就是一个问题。《公司法》在 2004 年修改之前对这个问题没有明确规定，实务中一般都认为股权不能继承，也就是说股权不能成为继承法律关系的客体。2004 年修改后的《公司法》规定，公司章程约定股权不能继承的不能继承，公司章程没有约定的可以继承。由此可见，股权是不是继承法律关系的客体，取决于公司章程的约定。

（3）分析法律关系的内容。法律关系的内容，是指法律关系主体所享有的权利和承担的义务。这种权利义务内容，是法律调整社会关系的直接表现，一切法律问题既肇始于权利义务的规范分配，又落实于权利义务的社会实现。任何个人和组织作为法律关系的主体，参与法律关系，必然要享受权利和承担义务。法律权利是指法律主体依法从事某种行为或不从事某种行为或要求他人从事某种行为或不从事某种行为的法律资格。由此可见，法律权利既涉及主体对自身行为和财产的选择，亦涉及对他人的请求及其选择。法律义务是指法律主体依法从事某种行为或不从事某种行为的强制性要求。法律义务的创设，是为了更好地实现社会秩序的和谐，具有公权强制性和必行性。

权利与义务是法律关系的核心。全部法律关系都是围绕这一核心展开的。法律主体以通过法律关系享受权利、承担义务为目的；而法律关系客体则以实际地作为法律权利和法律义务载体为目的。如果没有权利的追求或义务的承担，那么设定法律关系对主体而言毫无必要，对客体而言毫无意义。明确权利义务的性质、效力、行使对于法律事实的分析具有重要意义。

（4）分析法律关系的变化及变化的原因。法律关系会由于法定的或约定的原因而产生、变更、消灭。法律关系变化的内容或过程有三个方面：一是法律关系的产生，即因一定的原因而在主体之间形成了某种权利和义务联系，使主体置于特定的法律关系网中。二是法律关系的变更，即因一定原因使已形成的法律关系发生一定的变化，包括主体的变更（增减或改换）、客体的变更（增减或改换）、内容（即权利和义务）的变更（增减或改换）等。三是法律关系的消灭，即因一定原因而使法律关系终止。法律关系运行的全过程是如上三个方面的统一。此外，法律关系还因为主体对权利与义务的履行情况而发生变化，这是另一意义上的变化，也叫法律关系的"履行"。

任何法律关系的变化，都是因一定的法律原因或约定原因而产生的。这是法律关系变化的成因与根据，也叫法律事实。一般而言，凡能引起法律关系产生、变更和消灭的事件与行为都属于法律事实。其中事件因受法律调整又称法律事件，行为因受法律调整又称法律行为。

法律事件是指不因主体的主观意志而转移的法律事实。包括：自然事件，如风、雨、雷、电等自然现象所引发的事件，又如主体自然死亡等；社会事件，如社会革命、国家间战争等。其中后者又具有行为的特征，但由于这些事件的发生往往具有不因主体意志而转移的客观属性，因此，仍将其归于法律事件中。上述法律事件，都会引起一定法律关系的产生、变更或消灭，是法律关系运行的重要的法定原因。凡是法律事件，都是法律关系运行的法定原因，而不是约定原因。

法律行为是指法律主体所进行的作为或不作为。从行为的内容看，法律行为又分为积极行为和消极行为。积极行为是肯定、维护法律规定的行为，其引起的法律关系为调整性法律关系。如双方签订合同，就是依法以积极行为形成的一个合同的法律关系；消极行为则是否定、破坏法律规定的行为，由其引起的法律关系是应矫正的法律关系。如交通事故造成他人受伤，双方相安无事的法律关系被破坏，需要法律进行矫正以恢复规范的法律秩序。

应注意的是，一个法律事实的发生，其作用往往不纯粹是引起某种法律关系的发生、变更或消灭，而经常是：当一个法律事实发生后，在引起某一法律关系发生的同时，也在消灭或变更另一些法律关系；在消灭某一法律关系之时，也在引发或变更另一些法律关系。因此，对法律关系进行分析、识别时要站在更加宏观的角度，从整个法律的运作过程中观察法律事实之于法律关系的发生、变更或消灭的作用，而不能囿于某一具体的法律关系而谈论法律事实之于法律关系的作用。

讨论案例

死亡引起的法律后果

王某在一次交通事故中死亡，发生事故前王某与某公司签订了一份200万元的豪车购买合同，购车款没有支付，王某也没有提车；为了买车，王某曾向张三借款50万元，张三手中有王某亲笔写的借条；王某出售自己的一套房子给李四，李四已付款，房子已交付给了李四，只是还没有过户到李四名下，李四要求王某的法定继承人配合过户，法定继承人拒绝，于是李四将王某的法定继承人起诉到了法院；王某生前与王五有遗赠协议，遗赠协议载明：在自己死后将一部车赠与王五。

【讨论问题】分组讨论死亡引起的法律后果。

【讨论提示】在此案例中，王某死于交通事故，如果只局限于侵权赔偿的法律关系进行分析，显然没有将整个事情分析全面、分析透彻。王某死亡是一个法律事件，这一事件的发生至少引起了以下一系列法律关系的发生、变更、消灭：

1. 王某与妻子的婚姻关系消灭；

2. 王某法定继承人与事故肇事者的侵权赔偿关系产生；

3. 遗产分割前王某法定继承人对王某遗产共同共有关系产生；

4. 王某与某公司的购车合同关系消灭；

5. 王某与张三的借款合同关系变更为王某法定继承人与张三的债权债务关系；

6. 王某与李四的合同关系变更为王某法定继承人与李四的配合履行合同法

律关系，进而演变为诉讼法律关系；

7. 王某与王五的遗赠协议生效，王某的法定继承人与王五产生财产给付的法律关系。

（二）识别法律关系的基本方法

识别法律关系的方法有很多种，最主要的有因果分析法、比较法、归纳法、演绎法。

1. 因果分析法。这里所说的因果关系是法律意义上的因果关系，而不是物理意义上或哲学意义上的因果关系。分析法律上的因果关系，最终目的是为了确定行为人在法律上是否承担法律责任。法律上因果关系的特性：一是法律上的因果关系具有客观性。因果关系的客观性一方面是指法律标准是客观的，法律规定了不同情况下承担法律责任的因果关系，这些不以个人的意志为转移；另一方面，事实上的因果关系也是客观的，即损害、危害一旦发生，即是客观的。加害行为、危害行为与加害后果之间的因果关系也是客观的。二是法律上的因果关系具有动态性。一方面，一个法律结果的产生是各种因素运动的结果。从动态的角度分析，正是为了尽可能地还原事情的本来面目，以便实现法律的目的；另一方面，万事万物都处于相互联系之中，联系是复杂的，因果关系属于联系的范畴。虽然在一般情况下，因果关系可以是一因一果，但由于事物和现象的复杂性，往往会出现一因多果、多因一果、多因多果的情形。同时，一果的原因往往是另一原因的结果，所以孤立地强调一方面根本无法全面、客观、公正地评价法律现象，也就无法真正实现法律的公正公平。

只有正确认识因果关系的这些特性，我们才能正确地运用因果关系分析法分析法律问题。因果关系分析法是在接受侵权赔偿法律问题咨询时最常运用到的方法。使用因果分析法，要掌握四点：

（1）要找出构成因果关系的事物。

（2）要确定因果关系的性质。通常须解决两个问题：①判定是否真的存在因果关系，哪个为因，哪个为果。②考察因果关系的类型，是一因多果、一果多因，还是多果多因。

（3）对因果关系的程度作出分析，找出影响结果的主要原因或主要矛盾。

（4）分析法律关系中各方的权利、义务以及需承担的责任。

训练案例

运用因果关系分析李某受伤原因

张某向李某屁股上踢了一脚，结果李某脾破裂，经鉴定李某构成重伤，于是张某因故意伤害罪被刑事拘留。同时，法医鉴定李某脾破裂的主要原因是李某先天性脾肿大。

【训练任务】 试分析李某受伤的原因。

【训练提示】 该案例中应该说李某脾破裂的原因有两个：一个是先天性脾肿大；另一个是张某踢在李某的臀部，这是诱发因素。但是张某的行为与损害后果间是不是具有刑法上的因果关系呢？回答是两者间没有刑法意义上的因果关系。刑法规定犯罪行为直接造成他人伤害的才追究故意伤害罪的刑事责任，本案中李某脾破裂不是张某踢的行为直接造成的，不具有直接的因果关系，李某脾破裂主要的原因是自己身体的原因。从罪过形式来说，对于李某脾破裂这件事，张某既非故意也非过失。因为李某很年轻，张某并不知道李某有先天性脾肿大的疾病，甚至李某自己都不知道自己有这样的疾病，张某踢李某是故意的，但不是故意要让李某的脾破裂。因为李某的疾病很特别，张某根本不会想到李某有这样的疾病，所以张某在这件事上也没有过失。这完全是一个意外事件，是在谁都没有想到的情况下发生的。所以张某不应该因此而承担刑事责任。但是张某应该承担一部分民事责任，因为张某的行为与这件事的发生有民事上的因果关系，毕竟张某踢李某是导致李某脾破裂的一个诱发因素，张某应对李某承担民事上的赔偿责任。

2. 比较分析法。对咨询者叙述的情况，从纵向上，法律工作者可以分析事物的发展变化过程；从横向上，法律工作者可以与以前承办的类似案件进行分析比较。通过比较分析，认清案情发展规律，找出类似案件的异同点，为下一步准确提供咨询意见打下良好基础。分析比较时，要把握以下几点：

（1）比较可在异类对象之间进行，也可以在同类对象之间进行，还可以在同一对象的不同方面、不同部分之间进行；

（2）比较案件的同与异是比较分析的两项内容；

（3）要考虑可比性问题，要在可比的事物之间进行比较，不要在不可比的事物之间作比较。

○ 示范案例

张某抢劫案

张某和王某乘出租车没有给司机出租车钱，司机向他们索要，他们非但不给还殴打了出租车司机，出租车司机报警，张某和王某被警方以抢劫罪刑事拘留。张某的家人向法律工作者进行咨询。

【分析提示】法律工作者认为不构成抢劫罪，张某的家人将信将疑，不大确信咨询意见。于是法律工作者举了个例子与这件事进行类比：甲欠乙的钱，乙向甲讨要，甲非但不给还打了乙，甲是不是构成了抢劫？张某的家人说甲不是抢劫，因为甲没有从乙处抢走任何东西。将这个例子和这件事相比可以看出，两件事的性质其实是完全相同的，张某和王某也没有从出租车司机处抢到任何东西，只是该给的没有给，而不是将别人的东西抢过来据为己有。这样一类比就可以明白张某和王某不构成抢劫罪。但是，张某是否构成犯罪需要进一步根据出租车司机的伤情鉴定进行分析。

3. 归纳、演绎分析方法。归纳法是指从许多个别事例中获得一个较具概括性的规则。这种方法主要是对收集到的既有资料加以抽丝剥茧地分析，最后得出一个概括性的结论。演绎法，则与归纳法相反，是从既有的普遍性结论或一般性事理中，推导出个别性结论的一种方法。由较大范围逐步缩小到所需的特定范围。归纳法和演绎法在法律工作者法律咨询中经常被使用到。

归纳法是从特殊到一般，优点是能体现众多事物的根本规律，且能体现事物的共性。缺点是容易犯不完全归纳的毛病，即归纳总是从有限的事物中归纳一般结论，而不可能从所有事物中归纳一般结论，从有限事物中归纳出的一般结论是不是适用于所有的同类事物，需要有一个检验的过程。也就是说，归纳推理的结论一般超出了前提所断定的范围，其前提和结论之间的联系不是必然的，而只具有或然性。演绎法是从一般到特殊，优点是由定义、根本规律等出发一步步递推，逻辑严密，结论可靠，且能体现事物的特性。

归纳法和演绎法在应用上并不矛盾，有些问题可采用前者，有些则采用后者。而更多情况是将两者结合着应用，以达到更好的效果。归纳推理与演绎推理，在人们的认识过程中是紧密地联系着的，两者互相依赖、互为补充。一方面，演绎推理的一般性知识（大前提），来自于归纳推理的概括和总结，从这个意义上说，没有归纳推理也就没有演绎推理；另一方面，归纳推理也离不开演绎推理。归纳过程的分析、综合过程所利用的工具（概念、范畴）是归纳过程本身所不能解决和提供的，这只有借助于理论思维，依靠人们先前积累的一般性理论知识的指导，而这本身就是一种演绎活动。而且，单靠归纳推理是不能证明必然性的，因此，在归纳推理的过程中，人们常常需要应用演绎推理对某些归纳的前提或者结论加以论证。从这个意义上也可以说，没有演绎推理也就不可能有归纳推理。

○ 示范案例

【案例一】　　　　　　　　**演绎法案例**

甲是某国有企业的法定代表人，某日与自己的好朋友乙签订了一份房屋租赁合同，将企业的一套房子以甲个人的名义租赁给了乙使用，甲收取乙的租金归自己所有，乙也明知所租房子是某国有企业的房子。乙咨询他们签订的房屋租赁合同是否有效，如果被追究他们会承担什么责任。

【分析提示】根据法律规定对一个具体事情作出判断就是一个运用演绎法的过程。这个案例我们就可以运用演绎法进行分析，然后得出相应的结论。首先我们要找大前提，即相关的法律法规；然后看小前提，即本案的具体事实是不是和大前提所规定的相符，如果相符，那么根据大前提的规定就可以得出小前提的结论。

大前提：

1.《合同法》第52条："有下列情形之一的，合同无效：……②恶意串通，损害国家、集体或者第三人利益；……"

2.《刑法》第382条："国家工作人员利用职务上的便利，侵吞、窃取、骗取或者以其他手段非法占有公共财物的，是贪污罪。受国家机关、国有公司、企业、事业单位、人民团体委托管理、经营国有财产的人员，利用职务上的便利，侵吞、窃取、骗取或者以其他手段非法占有国有财物的，以贪污论。与前两款所列人员勾结，伙同贪污的，以共犯论处。"

小前提：乙所陈述的具体事实。

结论：分析确认小前提的事实与大前提的规定的是不是一样，如果一样我们就可以从大前提演绎出小前提的结论：甲和乙签订的合同因为损害了国家的利益，所以他们签订的合同是无效合同。因为甲利用其国有企业法定代表人的便利条件，将本来应当归国家所有的房屋租金非法占为己有，所以甲的行为是贪污行为，如果贪污的租金达到一定的数额就要以贪污罪追究甲的刑事责任。乙在明知房屋是国有企业的房屋的情况下，仍然与甲签订租赁合同，并将租金交给甲，是与甲伙同贪污的行为，如果甲被追究刑事责任，乙也应以贪污罪的共犯论处。

【案例二】　　　　　　　**归纳法案例**

由示范案例"张某抢劫案"中乘出租车不给钱不构成抢劫的案例，我们就可以运用归纳法得出一个一般性的结论：债权人向债务人要债，债务人不给，侵犯的是债权人的债权，乘了出租应当给车主租金但是没有给，侵犯的也是车主的债权，这两种情况都不构成抢劫，我们由此可以归纳得出一个一般性的结论，即侵犯了债权不构成抢劫罪，抢劫罪侵犯的是别人的财产所有权，只有侵犯了财产所有权才有可能构成抢劫罪。

学习单元四　法律咨询的原则

知识储备

法律工作者接受法律咨询要遵循以下基本原则：

一、以事实为依据，以法律为准绳原则

法律工作者应当在全面、准确、深入地掌握客观事实，并在合理、合法分析的基础上，客观公正地发表自己的意见或建议。在询问案件事实时，应当明确告知当事人实事求是地阐述案情，不能只介绍或提供对己方有利的事实或证据。在对事实进行调查时，应当避免各种人员和因素的干扰，独立完成调查取证活动。在进行法律分析时，应当以查明的事实和证据为依据，准确地适用法律，并作出客观的分析意见。

二、当事人权益最大化原则

法律工作者应当在法律允许的范围内尽最大努力维护当事人的合法权益。凡是对当事人权益有利的要点和措施，法律工作者都应当着重强调，并给出具体的实施方案。但对于当事人不利的问题，法律工作者也不能隐瞒，应当明确告知当事人，并尽可能提出解决的方案。

三、维护社会稳定不激化矛盾原则

法律工作者在解答法律咨询时要有大局意识，应当尽量本着解决问题而不是激化矛盾的态度，尽可能使用缓和的语言。应当告知当事人诉讼的风险，以减少不必要的诉讼。但涉及当事人切身利益且必须解决的案件，法律工作者也应当积极支持其采用法律途径解决问题。

四、谨慎原则

法律工作者的咨询意见往往成为司法机关和政府职能部门解决问题的重要参考。法律工作者在解答前要认真分析案情，仔细研究法律，必要时可以进行调查，审慎发表意见，确保法律工作者意见和建议的准确无误。

五、高标准、严要求、精益求精原则

法律工作者服务本身就是一项高质量的专业服务，要求在内容上要全面客观、准确细致；在语言表达上应口齿清晰、流畅，用语规范、准确；在形式上应当做到文字表达准确无误，行文格式规范，印制清晰，装订整齐。

学习单元五　法律咨询从业者的行为规范

知识储备

法律工作者接受法律咨询要遵守以下行为规范:

一、尊重事实,找准依据

法律工作者在进行法律咨询时要恪守尊重事实、找准依据的行为规范。一定要在全面、准确地了解客观事实和适用法律依据的基础上,客观、公正地表达自己的法律意见和建议。法律工作者在接待咨询时首先应当要求咨询者客观、真实、全面地陈述有关事实;其次,法律工作者也应当注意咨询者的陈述,注意发现矛盾和问题,从而辨别真伪、查清事实。在识别、分析法律关系时,要准确引用法律,不能一味迎合咨询者的要求,更不应该助长其错误的观点和主张。在进行咨询时,由于存在对案件证据及事实情况了解的局限性,不能妄下结论。法律工作者在出具咨询意见时,要向当事人强调,咨询意见是在当事人介绍的事实情况及其提供的相关证据基础上出具的,如果上述事实和证据不准确,就可能影响到咨询意见的准确性。

讨论案例

【案例一】　　　　　　弄清事实的案例

　　张某就其儿子参与抢劫一案进行咨询,张某陈述其子是交友不慎,被人胁迫参与了抢劫,抢劫过程中没有动手,只是在一旁放风。根据张某的陈述,其子应该是一个从犯而且是胁迫犯,依法应当从轻处罚或免除处罚,量刑不会太重。但是案卷材料显示,其子是整个案件的策划者,是参与抢劫的主要成员,而且是冒充警察入户抢劫,抢劫过程中还造成被害人重伤。证据证明的事实与张某的陈述显然大不一样,对其子的量刑当然要根据证据证明的事实,而不会根据张某的陈述。

【讨论提示】以事实为根据本质上就是以证据为根据,有些咨询者咨询时只陈述对自己有利的事情,下意识地回避不利于自己的客观事实。尤其是在刑事案件的咨询中,这种情况更为常见,有时候咨询者的陈述和案卷证据所显示的事实完全是两码事，这时候接受咨询者就要和咨询者说清楚，所提供的咨询意见只是根据咨询者的陈述，和案子的真实情况可能会有所出入。

【案例二】　　　　　　　　　找准依据的案例

　　一对男女登记结婚，婚前两个人签了一个婚内忠诚协议，基本内容包括两方面：一方面，列明财产，有哪些动产和不动产，包括存款、债券、投资等；另一方面，如果发现一方有违反夫妻忠诚义务的行为，另外一方净身出户。现在女方来咨询，说她发现男方有违反忠诚义务的行为，她应怎么办。

【讨论提示】1. 找准依据就是要求受咨询者站在咨询者权益的立场上，发现和挖掘哪些是最有利于自己咨询者的事实和证据，并分析其中所涉及的法律问题，找到最有利于咨询者的法律依据。

2. 就该案而言，"忠诚协议"是最有利于咨询人（女方）的事实依据。那么法律依据呢？本案确定法律依据的核心问题是"忠诚协议"的效力问题。按照法律规定，忠诚协议是没有效力的，是得不到支持的。据此，这个婚姻纠纷依照法律解决的基本方法，就是在进行财产分割时，对婚姻关系破裂有过错的一方少分财产。

二、最大限度地维护当事人的合法权益

在进行法律咨询时，凡是涉及当事人合法权益的地方，法律工作者都应予以充分重视，并尽可能提出有利可行的建议。当然对于不利于当事人的问题，法律工作者也不能隐瞒、回避，相反应当在可能的范围内提出尽可能好的方案。例如：王某在上班的必经之路上出车祸死亡，王某的儿子就交通事故如何处理进行咨询。这一案例的关键之处是，王某在上班的必经之路上出车祸，根据《工伤保险条例》的规定可以认定为工伤。而关于工伤待遇和交通事故赔偿能否同享的问题历来是有争议的，而且不同地方的规定也有差异，有的地方规定可以同享，有的地方规定只能享受一种，有的地方规定工伤待遇起到补差的作用。这时接受咨询者就不能因咨询者只问关于交通事故的事，仅回答交通事故的问题，对工伤的问题则一概不提，而应该主动向咨询者说明这一问题，并尽可能地帮其查找两项可以共享的相关规定。

三、有的放矢，不要故弄玄虚

法律工作者在了解了当事人的问题和意图，掌握了基本情况后，应当准确、

客观、全面地回答问题。在语言表达上，要主旨明确，有的放矢，语言简练流畅，要口齿清晰地针对询问者提出的问题作答，切忌故弄玄虚，故意玩弄法律术语。一些法律工作者恰好对当事人咨询的法律业务十分熟悉，于是乎口若悬河，滔滔不绝，说了半天，当事人不知所云，一头雾水。当事人听不懂法律工作者的话，也许会产生一种敬畏的心态，但对于法律工作者能不能真正维护自己的利益，却会产生疑虑。例如：甲欠乙钱，乙欠丙钱，由于乙不向甲主张债权导致乙无法归还丙的钱。丙就此事进行咨询。这实际上是一个代位权的问题。用通俗的语言表达就是丙可以代替乙直接向甲讨要债务，这样说丙很快就会明白，切忌就代位权的相关规定向丙作一大堆详细阐述，丙不一定能听得懂，咨询的效果也许还不如普普通通的一句话说得明白。

四、委以事例，不卑不亢

当事人把案件委托给法律工作者办理前往往已进行了多家咨询，对此，法律工作者应当不卑不亢地从容面对当事人，既不能大包大揽，也不能毫无信心。

示范案例

戴先生为一起房产纠纷案先后与胡、李、程三位法律工作者达成了初步合作意向。为慎重起见，他在最终签订委托代理协议前，分别向三位法律工作者提出了一个同样的问题："请问，全部材料你已经研究过了，你觉得有几成胜诉的把握呢？"胡法律工作者大言不惭："包你打赢。我和承办法官是老朋友。"李法律工作者出言谨慎："从法理上分析，这个案子肯定会赢。"程法律工作者坦诚相告："我有把握打赢您的官司。为什么这样说呢？因为同类型的案子我已经成功代理过多起，（边说边拿起几份报纸）这是当时新闻媒体对其中部分案件的报道，你可以先研究一下，然后决定是否和我签约。"戴先生最后委托了程法律工作者。

【分析提示】胡法律工作者的话之所以会使当事人信心不足，是因为他的话让当事人想起了旁门左道；而李法律工作者的话之所以使当事人望而却步，则是因为他的话让当事人没有了信心。程法律工作者之所以被成熟理性的当事人最后选中，是因为他的胜诉承诺用了大量胜诉的案例予以佐证。

五、化解矛盾，不要挑起诉讼

现实生活中，个别法律工作者为了自己的利益，故意激化原本并不十分激烈的争议，以从中赚取利益，也增加了当事人的讼累，这种做法严重违背了法律工作者的职业道德，是不可取的，应当坚决予以杜绝。特别是遇到有关部门与群众之间冲突和矛盾方面的咨询时，要采取慎重的态度，既不掩盖、偏袒，更不要挑拨生事，要讲明利弊，尽可能做好疏导工作，防止事态扩大。

讨论案例

张某集资房案

张某5年前将自己单位集资的一套房子卖给了王某，两人签订了购房合同，合同上只有张某一个人的签字，没有其妻子的签字。5年后该房子能办理房产证了，需要张某夫妻的配合，但这时房价比5年前增加了3倍多，张某欲翻悔退款要房，故前来咨询。

【讨论提示】该案从形式上分析，张某的妻子没有在合同上签字，合同应该是无效的。但是实际情况是张某的妻子当时是知道这件事的，而且当时还将自己的身份证复印件交给了王某，5年来张某的妻子也没有对张某卖房子的事提出过任何异议。对此，该案接受咨询者应该站在公平、公正的立场上劝张某配合王某办理过户手续，而不应该挑拨提起诉讼。一方面，若提起诉讼。张某不一定能达到自己的目的，虽然张某的妻子没有在合同上签字，但毕竟在5年的时间中张某的妻子都没有提出过异议；另一方面，即使认定合同无效，对于王某的损失，张某也有赔偿的责任，而并不会如张某所想的那样，将原购房款还给王某就可以了。

六、彰显水平，不要敷衍了事

法律咨询是法律工作者经常要做的一项工作，也会遇到各种各样的问题，有的问题可能形成诉讼，有的却与法律不沾边，法律工作者切忌对形成诉讼的因更感兴趣而大显身手，对不能提供具体法律服务的事项却敷衍了事。当事人来寻求咨询，就希望得到法律帮助，即使最后结果难遂人愿，当事人也会心存感激，自觉自愿地成为法律工作者的义务宣传员。此时若选择恰当的话语，就会法律工作者的良好形象在当事人的心中深深地扎下根。法律工作者表达什么和怎样表达，不仅会反映出法律工作者的综合业务素质和水平，而且还会影响到以后业务推介的成败。

七、分析利弊，不要越俎代庖

不管咨询者咨询的是什么事情，法律工作者都应从正反两方面进行分析，说明相关利害关系，为当事人进行决策提供相应参考，但不应替当事人进行决策。如当事人的某个重要客户有违约行为，当事人在是否起诉的问题上拿不定主意时，受咨询者就不能代当事人作出起诉或不起诉的决定，而只能从正反两方面作出利弊分析，让当事人自己判断、自己决定。否则，容易损害法律工作者的形象，一旦诉讼失败，也容易发生纠纷。

学习单元六　法律咨询的程序及基本方法

知识储备

法律工作者解答法律咨询应当遵守以下程序及基本方法：

一、登记和记录

（一）登记

登记是法律工作者接受法律咨询并开展咨询的第一步。一般来说，法律工作者在解答法律咨询时，要对询问人的基本情况如姓名、性别、年龄、职业、工作单位、住址、电话号码等进行登记。其目的有两个：一是借此可以对咨询者的职业、文化背景等基本情况有一个大致的了解，以便根据这些信息调整自己的咨询方法、表达方式，以及与对方的沟通方式；二是为了后期工作的开展，比如需要出具法律意见书时，就需要留下联系方式以便联络，能够及时将意见书交到咨询者手中。

（二）记录

记录就是将咨询中遇到的问题及情况加以记录，以便解答咨询之需。记录时只需将案件的主要事实、主要问题和主要证据记录清楚，对于当事人叙述的一些细枝末节则可省略不记。记录贯穿于整过咨询过程，一方面有助于记住案件主要事实，另一方面也有助于取得咨询者的信任。在实践中，有些咨询者拒绝公开身份，对此，法律工作者视情况可以拒绝解答。

二、听取咨询者陈述

接受法律咨询，首先要听取咨询者的陈述，这是解答法律咨询的前提和基础。

（一）法律工作者在听的过程中要做到"听全"、"听准"、"听懂"

1. 听全。"听全"，要求法律工作者接受咨询时必须有耐心，即使是杂乱无章的冗长叙述，也要耐心听完，否则，就容易从片面情况出发，得出不合实际的结论。当然，实践中也可以根据情况灵活把握，当咨询的叙述过于偏离所咨询的问题时，可以用提问的方式将其引导回对主要问题的陈述上来。在听的过程中切忌表现出不耐烦的表情，切忌过多地打断咨询者的陈述。例如：某甲向法律工作者咨询离婚的问题，将法律工作者当成了诉苦的对象，向法律工作者讲述夫妻二人是如何吵架的，对方骂了她什么，她是如何应对的等。吵架过程中的具体语言细节在法律上是没有意义的。因此，不能让其长时间地叙述这些过程，这时就应该对咨询者进行询问，通过询问分析判断有没有家庭暴力的问题，如果没有，那么就应该引导其叙述其他方面的问题，不再具体叙述吵架的事情。

2. 听准。"听准"，就是要聚精会神，对问题的细节或关键情节不能含混、疏漏。由于咨询者不一定懂法律，哪些事在法律上有意义、哪些事在法律上无意义，咨询者不一定能抓住重点。这就要求法律工作者在接待咨询时，善于准确抓住重要细节，在咨询者陈述结束后有针对性地发问，以便进一步弄清事情的来龙去脉，在此基础上作出准确的分析判断。例如：张某咨询关于继承的问题，向法律工作者叙述了以下事实：张某的弟弟因车祸去世，弟弟结婚没多长时间，还没有孩子。张某的父亲悲伤过度，在其弟弟去世后不久也过世了。其父亲在老家有一座有 20 多间老屋的院落，因拆迁可能会补偿几百万元，而张某家有兄弟姐妹 7 个，还有 1 个养子，子女中有的尽了赡养义务，有的没有，总之家庭关系很复杂。张某叙述了很长的时间。在一大堆的叙述中，有一个细节法律工作者不应该忽略，那就是张某死去的弟弟刚结婚不久。需要抓住这一细节进一步追问，张某的弟媳是否已有身孕，有和没有在法律上的意义是完全不同的。如果怀有身孕，那么老人的遗产中就应该留出预留份额给胎儿，因为胎儿在法律上有代位继承权，即代替其死亡的父亲的位置，继承老人的遗产。留出给胎儿的预留份额还要分两种情况进行处理，如果胎儿流产或在出生的过程中死亡，那么留出的这部分财产仍然是老人的遗产，应在老人的配偶、子女、父母中分配继承，孩子的母亲无权继承；如果胎儿生下来是活体，几天后又死亡了，那么留出的这部分财产是孩子的遗产，应由其母亲继承。

在这个案例中，弟媳有没有身孕是一个很重要的细节，一定要"听准"，把它从当事人纷繁复杂的叙述中提取出来，加以分析判断，只有这样才能给出正确的咨询意见，否则给出的意见就是不准确的。

3. 听懂。"听懂"，就是要边听边总结，以便抓住问题的实质和争议的焦点，弄清咨询目的，归纳咨询要点。有些咨询者对事情会有很长的陈述，但基本的意思用一句就可以概括，这时法律工作者就要及时地把咨询者的意思归纳出来，问咨询者是不是这个意思，得到咨询者的确认后再让咨询者继续陈述。在基本事实确定的前提下，根据确定的事实提出咨询意见。只有这样，对当事人的解答才能做到有的放矢、准确无误。

（二）听取经验丰富咨询人陈述时的方法

实践中有些咨询者在咨询之前可能已经向多个法律工作者咨询过，并对咨询的问题进行了充分的研究，对事情的前后经过总结得很完整、很简洁，条理清楚、重点突出。有些咨询者明确告诉被咨询者他的咨询经历以及他对事情的看法，然后提出问题与被咨询者探讨。有些咨询者并不告诉被咨询者他的咨询经历，更不告诉被咨询者他的看法，只是在陈述事情后提出问题，问被咨询者的意见。对于这些咨询者，法律工作者在提出咨询意见时要慎之又慎。有时不妨直接问问其他法律工作者的分析意见，在听了其他法律工作者的意见后再作出自己的分析判断。如果对咨询的问题实在没有太大的把握，不妨运用缓兵之计，将提出咨询意见的时间向后推，或者明确告诉咨询者所咨询的问题需要查找和参考一些资料并与其他法律工作者进行探讨，和咨询者另外约定咨询时间。

（三）听取咨询者陈述时的表情要求

在听咨询者陈述时，法律工作者的表情也很重要，这是法律工作者与咨询者进行沟通取得咨询者信任的一种手段。法律工作者在听咨询者陈述时表情要自然丰富，随着当事人叙述的情节略有变化，偶尔皱皱眉头，摆出一副思索状、同情状，不管是什么表情或动作，总之，要让咨询者感觉到法律工作者非常重视所咨询的问题，听得非常认真。

在听咨询者陈述的中间有电话打进来是法律工作者常常遇到的事，如何处理这一问题，同样也会影响咨询者对法律工作者的看法。实践中，当遇到这种情况时，有的法律工作者任由电话铃响着不接电话；有的直接按键拒绝接听；有的接起电话后与电话的对方说个没完，仿佛忘记了咨询者的存在，这些都不是正确的方式。正确的方式应该是如果当事人讲到关键问题时来了电话，法律工作者可以接起电话小声地告诉对方"我们正在研究一个非常重要的案子，随后我给你打过去"。这既体现了对咨询者以及来电者的尊重，也体现了法律工作者从容不迫、有序处理各种业务的工作态度。

三、引导咨询者陈述

咨询者不懂法律，他们对事情的把握和理解与法律工作者的法律思维往往是不相符的，因此，他们的陈述难免会遗漏一些重要的法律事实，或者对自己有利的说得多，对自己不利的说得少或者干脆隐瞒不说，对此，法律工作者应当引导咨询者进行陈述，以便搞清楚事情的真相。还有一种情况是，咨询者喋喋不休，有实质意义的事实说得少，而生活中的琐事说得多，尤其是在离婚咨询和继承咨询中，这种情况经常会出现，这时也需要法律工作者对咨询者进行引导，引导咨询者说法律工作者认为有用的东西，这样既可以节约时间，又可以避免让法律咨询变成家常的聊天。

引导咨询者陈述的主要方法就是有针对性地向咨询者提出问题，向咨询者提出问题的目的有两个：①弄清楚纠纷的主要情节，尽快地把握住"问题"的中心环节，一方面使来访者尽量省去不必要的叙述，另一方面也可以使解答变得更有针对性、更具准确性。②通过发问使咨询者明白法律工作者关心的是哪方面的情况，哪方面的事实具有法律意义，对所咨询的问题是有影响的，从而使咨询者对这方面的事实作更详细完整的叙述，进而可以使所咨询问题涉及的"事实"更加清晰明确，进一步突出主题。

法律工作者向咨询者提问要讲究一定的方式和方法。为了不使来访者产生误解，发生疑虑，形成心理压力，法律工作者提问的方式、方法要根据不同的对象和不同性质的问题而有所区分：

（一）谈心式

它适用于来访者顾虑重重、欲言又止等情况，这时要用善良的语言鼓励对方说下去，表示你是在关心他所叙述的问题，从而建立起他对法律工作者的信任，引导他说出事实真相。这种方式一般运用于刑事案件的咨询以及涉及隐私权的咨询。

例如：张某就婚姻方面的问题进行咨询，在咨询过程中，法律工作者明显感觉到张某闪烁其词，有难以启齿的事，一直谈不到最核心的问题上来。于是法律工作者干脆将话题引到其他方面，与他交谈其他方面的问题，在逐渐取得他的信任后，告诉他法律工作者对咨询者的稳私有保密的义务，这是法律工作者的职业道德要求，什么事都要尽可能地向法律工作者陈述。最终张某终于放下了顾虑，向法律工作者陈述了自己的事情。原来张某在老家有一个妻子，来到城市后变换身份又与另外一个女子领了结婚证，他想问这件事应该怎么处理，如果被发现会承担什么责任。

（二）探讨式

它适用于一些重大而又有疑难，或者在新形势下出现的新问题，或者是已经发生了争议，但无法律明文规定的一些问题。还有一些咨询者，如前面所述是咨询过很多人的，自己对所咨询的问题也查阅了大量的资料，对所咨询问题所掌握的信息可能比被咨询者还要多，这时就需要用探讨式的方式与咨询者沟通、交流。探讨式提问，要坦率亮疑，提问要简明扼要，问题要一目了然，不要含糊不清，同时提问要化整为零。所提问题不宜太大、大笼统。

例如：王某是某企业的法定代表人，最近企业不景气，想与一批工人解除劳动合同，王某以前也和个别工人解除过劳动合同，对这方面规定也有所了解，但和大批工人解除合同这还是第一次，于是进行咨询。关于解除劳动合同给工人补偿这一方面，法律的规定有一个发展变化的过程，而且根据不同的解除合同的情形还有不同的规定，在一些问题上法律规定不明确，实践中还存在着争议。受咨询者看到王某对这方面的规定有所了解，于是和对方进行了探讨，针对其企业的实际状况，商量了一个现实可行、具有一定操作性的解除劳动合同及补偿的方案，王某对这个方案很满意，高兴地拿着方案走了。

（三）发问式

它适用于来访者不知如何说明或一时难以说明的情况。此时，要通过提问引导来访者讲清存在的矛盾，回忆某些重要过程和重要情节，从模糊不清的问题中抓住矛盾和争议的焦点。

四、在听取和引导咨询者陈述的过程中要注意观察咨询者不同的情绪反映和情感变化

一方面，法律工作者一定要有冷静的头脑，要学会以旁观者的姿态接受咨询者的咨询，客观、公正、冷静、理性地分析判断咨询者咨询的问题，而不能受咨询者情绪的影响，沉浸在咨询者的情绪中。法律工作者如果做不到这一点就会不理性，就会犯"先入为主"的错误，看到当事人振振有词或悲伤落泪就断定他确实有理，这是法律工作者在接受咨询时比较容易犯的一个错误。另一方面，法律工作者不仅不能受到咨询者情绪的影响，而且应当善于稳定和平复咨询者的情绪，尤其是对于情绪过于激动的咨询者，法律工作者要善于用一两句话、用一个动作、用一个眼神使对方情绪平静下来，使之恢复常态，能够客观理性地对事情进行陈述，而法律工作者要善于从咨询者的陈述中透过现象看到本质，为有针对性提问创造条件。

如果咨询者要委托法律工作者，法律工作者也必须让当事人客观地面对现实，只有在理性的情况下，才会做出理性的委托；如果法律工作者不能让咨询者稳定清醒，等他自己稳定、清醒后，就会在心里说："法律工作者和我一样冲动，这官司怎么打？"

例如：一天，一个法律工作者的朋友带着张某向法律工作者咨询离婚的事，张某蓬首垢面，见了法律工作者后就哭诉她丈夫如何给婆家人办事多，给她娘家人办事少，两人因此吵架甚至动手打架，张某让法律工作者为其起草起诉状，现在就要提起诉讼要求离婚。法律工作者没有急于回答张某的问题，更没有急于为其起草诉状，而是巧妙地把话题引到了其他方面，正好法律工作者和自己的朋友也好久不见，于是就和朋友及张某一起聊起天来。聊了一个多小时后，朋友和张某起身告辞，张某竟没有再提离婚的事，几天后张某专门打电话感激这个法律工作者。这个法律工作者就是很敏锐地察觉到了张某当时情绪的不正常，知道其是在一时的气头上才提出离婚的要求，即使对其在法律上解释了关于离婚的事也是徒劳，所以干脆不解释，而是用其他话题平复了其情绪，收到了很好的效果。

五、认真审阅咨询者带来的证据、资料

咨询者带来的证据、资料都是与所咨询的问题有关的，审阅这些材料可以确认询问者的叙述有无根据。

审阅材料，要根据材料的多少、问题难易程度的不同作出不同的处理决定。如果材料很多、问题较复杂，法律工作者可以与咨询者签订正式的书面咨询合同，并且以书面的形式对其咨询的问题进行解答。针对书面的咨询意见，要把这些材料列明，包括材料的名称、时间、页数、原件还是复印件，咨询意见应该依据这些材料以及咨询者的陈述给出。如果材料较少、问题较简单，法律工作者可以现场对材料进行审阅。如何审阅材料与法律工作者的工作经验有关，也与咨询者咨询的问题有关。同样是审阅合同，没有经验的法律工作者可能需要一字一句地阅读合同，需要的时间自然多；而有经验的法律工作者会根据咨询的问题阅读合同不同的部分，与咨询问题无关的部分就可以一带而过。此外，咨询者咨询的问题不同，对材料审阅的重点也有所不同。比如，如果咨询合同是否有效，就要重点审查合同当事方的主体资格、合同签订的时间、合同内容是否有损害国家利益、第三方利益的存在情况等；如果咨询合同违约赔偿问题，就要重点审查合同中关于违约责任的约定部分，看约定的违约责任是否合理，违约金是否过高或过低，有没有提高或要求降低的余地，在要求承担违约责任之外是否还可以要求损失赔偿等。

例如：许某是某省中小企业管理局下属企业的法定代表人，该企业登记的性质是集体所有制企业，最近该企业进行改制，需对企业的所有制性质进行重新界定。企业的上级主管希望将企业界定为国有企业性质，而许某希望能界定为集体所有制性质。许某咨询根据法律规定到底企业应属于什么性质，并带来了两本约三百多页的企业资料。法律工作者要根据这些资料给出一个合理的咨询意见，这是一个比较繁重的劳动过程，并非在当时口头上就能解答的。于是法律工作者与许某签订了一个法律论证的书面合同。签订合同后，法律工作者

将许某带来的资料按时间顺序进行了整理，仔细地对这些资料分析研究后，写了一份近一万字的论证材料，前后用了近一周的时间。许某对这次咨询的方式和咨询的结果都非常满意。

六、对法律关系的综合分析

法律工作者对咨询者陈述的事实在听懂、看清、问明之后，要对法律关系有一个综合性的分析，对所咨询的问题，从法律、法规和政策的角度找出问题的症结，抓住实质进行全面的剖析。具体来说，法律工作者在咨询者陈述完以后，必须对陈述的内容进行总结，用最精练的语言，通俗简要地将案件事实予以复述，以便和咨询者核对所掌握事实是否全面、完整、准确。在全面、完整、准确地把握事实的前提下分析事实中的法律关系是法律工作者解答问题的前提和基础。

七、解答咨询者的问题

这是法律工作者针对来访者提出的主要问题，在分析判断之后做出的回答。法律工作者解答的要求是：

1. 要明确问题的重点，用通俗易懂的语言，把有关的法律、法规和政策、道理解释透彻。总之，要让对方听懂、听清，以利于其参照办理。

2. 提出的结论或解决问题的办法要以法律、法规为依据，具体可行。

3. 解答问题要有针对性，防止答非所问。如当事人咨询偷税会受到什么处罚，法律工作者不能一开始就讲偷税罪的构成理论，而是要针对偷税的具体情况进行分析，有针对性地回答当事人的问题。

4. 对明显不符合法律规定的要求，要耐心做宣传工作，不要激化矛盾。

5. 来访者提出的问题涉及诉讼的，在基本情况没有弄清之前，也可以不做具体回答，只根据掌握的情况提出倾向性意见，以防所答与事实不符，给以后的工作带来不便。

以上"记、听、问、看、审、析、答"七个环节，并不是各自孤立存在的，本书中安排的次序也不是一种咨询工作的固定程序。它们之间有着密不可分的联系，需要结合进行，互相穿插，灵活运用，才能收到较好的咨询效果。

学习单元七　书面咨询意见的制作

　　法律工作者有时候需要用书面的方式回答咨询者提出的问题，这就涉及法律意见书的制作。法律意见书是指法律咨询从业者就某特定事项的有关法律问题所提出的书面意见。一份形式严谨、结构缜密、分析准确、论证精当的法律意见书不仅是法律咨询从业者为客户提供的专业法律意见，同时也是法律咨询从业者对纷繁复杂的法律关系宏观驾驭能力和微观操作技巧的充分展示。

　　制作法律意见书不仅要求法律咨询从业者对相关事实做到由表及里、由此及彼、去粗取精、去伪存真地深入掌握，同时要对不同法律渊源、不同效力等级、不同适用范围的相关法律文件进行细致分析，从而为解决核心法律问题提供正确的分析意见、出具最优越的操作方案。

　　法律意见书有可能涉及各种事项，因而具体内容可能各不相同，但法律意见书的基本内容及写作的基本要求应该是一样的：

一、首部

　　即标题，实践中一般有两种写法：一是直接写"法律意见书"；二是具体写明法律意见书的性质，如"关于××合同审查的法律意见书"。此外还可以有法律意见书的编号。

二、正文

　　下面是正文部分应当依次写明的各个部分：

　　（一）委托人基本情况和受托人（即法律意见书出具人）基本情况

　　这是法律意见书涉及的主体，即列举委托人和受托人的身份事项。委托人是指委托出具法律意见书的当事人；受托人是指法律意见书的出具人。应将两者的身份事项列举清楚。根据一般法律文书对于身份事项的要求，基本情况至少应包括：如果委托人是自然人的话，依次应为姓名、性别、出生日期、住所以及身份证件号码；如果委托人是法人和其他组织，应当写明名称、法人代表或负责人、住所、证照号码。受托人应写明法律咨询从业者姓名、执业机构等基本情况。

　　（二）委托事项

　　应当写明就何法律问题提供法律意见。

（三）委托人提供的资料和受托人独立调查获得的资料

各类资料和相关事实应如实写明，如果有附件的应当另行注明。需要注意的是，受托人独立调查获得的资料有时在法律意见书中是空缺的，这是因为法律咨询从业者在出具某些法律意见书时一般没有义务去调查和获取其他资料。只有在法律咨询从业者有义务去调查和获取其他资料时，这部分内容才可能出现在法律意见书中，而这种义务有可能来自委托方的要求，也有可能源自法律的直接规定。

（四）出具法律意见书所依据的法律规定

法律规定不需要具体到条款，只需要说明法律、法规、司法解释的名称和颁发机关及施行日期即可。

（五）法律关系的分析

法律分析是法律意见书的主体，应当对事实和法律规定作出详细的分析，引用法律法规甚至司法解释的规定应完整具体。如有必要还应进行法理上的阐述。

（六）结论

结论部分是实现法律意见书目的的载体，因而对委托人和其他利害关系人具有重要意义，也是委托人和其他利害关系人作出决策的最为直接的依据。在措辞上应该严谨缜密、客观直接。

（七）声明和提示条款

声明条款涉及法律意见书的责任问题，对于任何一方当事人来说都具有重要性，声明条款的内容包括责任限定条款，即出具人对于自己应该承担的责任予以限制和排除的条款；提示条款是出具人提示委托人和其他利害关系人应特别注意的条款，也关系到委托人可能承担的责任。

（八）署名、盖章、签发日期

法律意见书的出具人应在法律意见书的右下角署名盖章，也就是说，法律咨询从业者应在该位置署上姓名，出具法律意见书的法律咨询从业者的执业单位应加盖公章，盖章位置应能压住法律咨询从业者署名及签发日期。签发日期则是指法律意见书出具的时间，应采用汉字而不是阿拉伯数字表示日期。

（九）附件

对法律意见书的结论可能产生影响的文件应附于法律意见书之后，附件较多的，应另行编制附件目录。

◎ 示范案例

关于＿＿＿＿＿＿的法律意见书

（　　）　字第　　号

至：＿＿＿＿＿（委托人）

自：＿＿＿＿＿（受托人）

致：＿＿＿＿＿（委托人）

　　＿＿＿＿律师事务所依法接受贵公司的委托，指派本律师根据贵公司及工作人员向我们提供的与本案有关的材料，我们假设本案材料已包括已知与本案有关的所有材料以及其向本律师所陈述的相关事实，就贵公司＿＿＿＿＿一案进行法律分析并提出法律意见。

　　现出具法律意见书如下，供贵公司参考：

　　一、出具本法律意见书所依据的证据材料（事实依据）：

　　1.＿＿＿＿＿＿

　　2.＿＿＿＿＿＿

　　二、出具法律意见书所依据的主要法律及司法解释（法律依据）：

　　1.＿＿＿＿＿＿

　　2.＿＿＿＿＿＿

　　三、对本案的法律分析：

　　1. 关于本案＿＿＿＿＿问题。

　　（1）＿＿＿＿＿

　　（2）＿＿＿＿＿

　　2. 关于本案＿＿＿＿＿问题。

　　（1）＿＿＿＿＿

　　（2）＿＿＿＿＿

　　四、对本案解决纠纷的两种建议方式的比较：

　　1.＿＿＿＿＿

　　2.＿＿＿＿＿

　　五、声明

　　本意见书不是本事务所或本律师向贵公司做出的保证，仅供贵公司内部在处理本案时作参考之用。委托人对本意见的结论有独立判断之权利。

未经本律师事务所及本律师书面许可，本意见书不得向任何第三人出示，并不得作为证据使用。本事务所或本律师拥有唯一的解释权。

　　　　　　　　　　　　　　　　　＿＿＿＿＿＿律师事务所

　　　　　　　　　　律师：

　　　　　　　　　　　　年　月　日

下　编
法律咨询的分项实训

训练单元一 婚姻法律咨询

　　婚姻家庭关系作为一种主要的社会关系，与社会有着十分密切的关系。一定的社会决定一定的婚姻家庭关系，反过来，一定的婚姻家庭关系也牵动着一定的社会。《婚姻法》及其司法解释是调整婚姻家庭关系的法律规范，它规范了人们在婚姻家庭领域中的权利与义务，是处理婚姻家庭关系必须遵守的行为准则。作为法律工作者，面对婚姻家庭纠纷的咨询者，应当熟练掌握《婚姻法》及各种涉及婚姻家庭方面的司法解释和行政法规的法律精髓，给予咨询者较为恰当的回答。

一、离婚夫妻财产分割

知识储备

　　在婚姻法律咨询中，离婚财产分割是常见的咨询问题。现行《婚姻法》第17～19条明确了夫妻共同财产是在夫妻关系存续期间取得的财产，以列举式和概括式的方式规定了夫妻共同财产的内容，该法也规定了夫妻共同财产的分割有协议分割和判决分割两种方法。离婚时，双方有合法婚姻财产约定的，依约定。一方的特有财产归本人所有。夫妻共同财产一般应当均等分割，必要时亦可不均等，有争议的，人民法院应依法判决。

　　1. 离婚财产分割也就是夫妻共同财产的分割，是指离婚时依法将夫妻共同财产划分为各自的个人财产。《婚姻法》第17～19条规定了夫妻共同财产的内容。《婚姻法》同时还规定了夫妻共同财产的分割有协议分割和判决分割两种方法。离婚时，双方有合法婚姻财产约定的，依约定。一方的特有财产归本人所有。夫妻共有财产一般应当均等分割，必要时亦可不均等，有争议的，人民法院应依法判决。

　　2. 夫妻结婚后，一直到一方死亡或者离婚之前这段时间，是法律上所称的婚姻关系存续期间。这期间夫妻所得的财产，都属于夫妻共同所有的家庭财产。《婚姻法》第17条第1款规定："夫妻在婚姻关系存续期间所得的下列财产，归夫妻共同所有：①工资、奖金；②生产、经营的收益；③知识产权的收益；④继承或赠与所得的财产，但本法第18条第3项规定的除外；⑤其他应当归共同所有的财产。"第17条第2款还规定："夫妻对共同所有的财产，有平等的处理权。"在确定夫妻共同财产范围时，也要注意下述问题：

（1）夫妻的婚前财产和双方约定为个人所有的财产，不属于共同财产的范围。

（2）复员、转业军人的医疗费归本人所有。如果结婚多年，夫妻共同生活较长的，可按共同财产对待。对夫妻婚前财产或婚后财产无法确认的，视为共同财产。

（3）应将夫妻共同财产和家庭共同财产、其他家庭成员的财产加以区别。家庭财产，即家庭成员共同所有的财产。具体包括：①夫妻双方婚前各自所有的财产；②夫妻在婚姻关系存续期间所得的财产，包括双方或一方劳动所得财产，双方或一方所得遗产或受赠的财产；③未成年子女的财产；④父母、祖父母以至兄弟姐妹的财产。

3. 根据《婚姻法》及《最高人民法院关于人民法院审理离婚案件处理财产分割问题的若干具体意见》（以下简称《财产分割意见》）的规定，结合司法实践，人民法院在审理离婚案件分割夫妻共同财产时，应当遵循以下原则：

（1）男女平等原则。男女平等原则既体现在《婚姻法》的各条法律规范中，又是人民法院处理婚姻家庭案件的办案指南。该原则体现在离婚财产分割上，就是夫妻双方有平等地分割共同财产的权利，有平等地承担共同债务的义务。

（2）照顾妇女及子女利益的原则。这里的"照顾"，是指既可以在财产份额上对女方适当多分，也可以在财产种类上将某项生活特别需要的财产，比如住房，分配给女方。毕竟从习惯上、从传统因素的影响所造成的障碍上、从妇女的家务负担及生理特点上讲，离婚后通常妇女在寻找工作和谋生能力上也较男子弱，更需要社会给予更多的帮助。同时，在分割夫妻共同财产时，要特别注意保护未成年人的合法财产权益。未成年人的合法财产不能列入夫妻共同财产中进行分割。

（3）有利于生产和生活需要的原则。在离婚分割共同财产时，不应损害财产的效用、性能和经济价值。在对共同财产中的生产资料进行分割时，应尽可能分给需要该生产资料、能更好发挥该生产资料效用的一方；在对共同财产中的生活资料进行分割时，要尽量满足个人从事专业或职业的需要，以发挥物的使用价值。不可分物按实际需要和有利发挥效用原则归一方所有，分得方应依公平原则，按离婚时的实际价值给另一方相应的补偿。

（4）照顾无过错一方的原则。对因一方有过错而引起的离婚案件，财产分割时，对于无过错的一方应适当多分。这里的过错是指重婚、有配偶与他人同居、实施家庭暴力、虐待、遗弃家庭成员等行为。

（5）不得损害国家、集体和他人利益的原则。离婚案件中处理财产分割时，不能把属于国家、集体和他人所有的财产当作夫妻共同财产分割。贪污、受贿、盗窃等非法所得，必须依法追缴。夫妻财产置于其他合伙人共有财产之中的，应从中分出夫妻共有份额予以分割，不得借分割夫妻财产而损害他人的利益。

4. 夫妻在婚姻关系存续期间共同购买、共同建造的房屋，或者婚前双方共同出资购买、建造的房屋，是夫妻共有房屋，离婚时应作为夫妻共同财产分割。根据《婚姻法解释（二）》第20条的规定，双方对夫妻共同财产中房屋价值及归属无法达成协议时，人民法院按以下情形分别处理：

（1）双方均主张房屋所有权并且同意竞价取得的，应当准许。

（2）一方主张房屋所有权的，由评估机构按市场价格对房屋作出评估，取得房屋所有权的一方应当给予另一方相应的补偿。

（3）双方均不主张房屋所有权的，根据当事人的申请拍卖房屋，就所得价款进行分割。司法实践的通常做法是：共有房屋能实际分割使用的，可以分割使用。不能分割使用的，可以作价分给一方，另一方取得补偿。在确定房屋分给哪方时，应考虑双方住房情况、照顾抚养子女的一方。在双方条件等同的情况下，应照顾女方。

婚后双方对婚前一方所有的房屋进行修缮、装修、原拆原建，离婚时未变更产权的，房屋仍归产权人所有，增值部分中属于另一方应有的份额，由房屋所有权人折价补偿另一方；进行过扩建的，扩建部分的房屋应按夫妻共同财产处理。离婚时，一方生活困难，如离婚后没有住处的，另一方应从其住房等个人财产中给予适当帮助。

5. 夫妻一方婚前承租的公房，在婚姻关系存续期间以共同财产购买为产权的，该房屋为共同所有。由于公房使用权可通过承租权转让的方式上市交易，具有一定的交换价值，在离婚分割该房屋时，可区分下列情形分别处理：

（1）一方婚前承租的公房，是基于福利政策分配取得，婚后以共同财产购买为产权的，由于在婚姻关系存续期间内，无法体现出原公房使用权的交换价值，则在离婚分割该产权房时，可不考虑原公房使用权交换价值的单独归属。

（2）一方婚前承租的公房，是其以个人财产支付对价取得的，婚后以共同财产购买为产权，在离婚分割该产权房时，应当将取得原公房使用权时所支付对价部分，确定为当时承租的夫或妻一方个人所有，产权房的剩余价值按共同财产分割。

（3）对于婚前由夫或妻一方父母承租，婚后以夫妻共同财产购买为产权的公房，原公房使用权的交换价值可参考《婚姻法解释（二）》第22条的规定，推定为父母对夫妻双方的赠与，离婚时可直接将产权房按共同财产分割处理。虽然是以夫妻一方的名义购买，但不是以夫妻共同财产而是以一方父母财产购买，产权证系夫妻双方的名字，仍应为共同财产，只是在财产分割时，酌情考虑财产来源因素。原系一方父母承租的公房，后以一方名义而非夫妻名义购买成了公房，且购买的出资来自该方父母，应为一方所有的财产。原系一方父母承租的公房，虽然以夫妻共同财产购置，但产权证上不仅有夫妻一方或双方名字，还有一方父母名字，该房为家庭共有财产。

6. 夫妻一方婚前以个人财产购买房屋，并按揭贷款，产权登记在自己名下的，该房屋仍为其个人财产，按揭贷款为其个人债务。婚后配偶一方参与清偿贷款，并不改变该房屋为个人财产的性质。在离婚分割财产时，该房屋为个人财产，剩余未归还的债务，为个人债务。对已归还的贷款中属于配偶一方清偿的部分，应当予以返还。

7. 离婚时尚未取得完全产权的房屋，指离婚时夫妻双方取得的房屋所有权只是部分产权，不是完全产权，主要指夫妻双方根据福利政策以标准价购买的公有房屋。部分产权房屋是国家历次房改政策的产物，其突出特点为部分处分权受到限制。这种离婚时双方尚未完全取得所有权的情形，如果当事人有争议且协商不成，可以按照《婚姻法解释（二）》第21条的规定处理，即人民法院不宜判决房屋所有权的归属，应当根据实际情况判决由当事人使用。当事人取得完全所有权后，有争议的，可以另行向人民法院起诉。

8. 现实生活中，父母为子女购房的情况非常普遍，子女双方的父母是购房的实际出资人，而房屋往往登记在子女的名下。如果婚前出资并将房产登记在自己子女名下，法律上不会产生什么争议。在离婚房产分割司法实践中，容易产生争议的有以下几种情形：

（1）根据《婚姻法解释（三）》第7条第1款的规定，婚后由一方父母出资为子女购买的不动产，产权登记在出资人子女名下的，可按照《婚姻法》第18条第3项规定的内容处理。

（2）一方父母婚后出资，登记在非出资方自己子女一方名下的，除非当事人能提供父母出资当时的书面约定或声明，证明出资者明确表示向一方赠与的，一般应认定为向双方赠与，房产属于夫妻共同财产。

（3）一方父母出资购买的房产登记在夫妻两人名下，被认定为夫妻共同财产，但双方进行财产分割时，一方如果拿出借条来说明父母的出资属于借款的，这种情况下，如果该借条上有双方的签字，或者有其他证据证明该借条是购房当时形成的真实借贷行为，那么应当作为借款处理。但是如果没有上述证据，仅有一方父母的当庭表示，不能证明其书写借条的时间，就不能排除赠与的推定。

9. 婚姻法规定，离婚时，原为夫妻共同生活所负的债务，以共同财产偿还；一方单独所负债务，由本人偿还。这是离婚清偿债务的一般规定。债务的性质不同，当事人的清偿责任也不相同。因债务问题可分为三种不同的情况，相应地就有三种不同的清偿方法：

（1）夫妻共同生活时所负的债务。指的是在夫妻关系存续期间，为满足家庭生活需要，包括因维持夫妻共同生活、抚养子女、赡养老人等所负的债务，双方均有清偿责任，应以共同财产偿还。

（2）如共同财产不足清偿上述债务时，应由双方通过协议确定清偿责任；协议不成时，法院根据双方的经济能力、分担子女抚养费的情况进行判决，确定由一方清偿或由双方合理分担清偿责任。判决时，应保护女方合法权益。

（3）凡属夫妻一方单独所负的债务，比如男女一方在婚前或婚后为满足个人的需要，以个人的名义所负的债务，应由本人负责清偿。

10. 离婚时，一方隐藏、转移、变卖、毁损夫妻共同财产，或伪造债务企图侵占另一方财产的，分割夫妻共同财产时，对隐藏、转移、变卖、毁损夫妻共同财产或伪造债务的一方，可以少分或不分。离婚后，另一方发现有上述行为的，可以向人民法院提起诉讼，请求再次分割夫妻共同财产。

11. 夫妻可以约定婚姻关系存续期间所得的财产以及婚前财产归共同所有、各自所有或部分共同所有、部分各自所有。没有约定或约定不明确的，适用婚姻法关于共同财产制或个人财产制的规定。夫妻对婚姻关系存续期间所得的财产以及婚前财产的约定，对双方具有约束力。夫妻对婚姻关系存续期间所得的财产约定归各自所有的，对于夫或妻一方对外所负的债务，第三人知道该约定的，以夫或妻一方的财产清偿。

12. 离婚协议书是指夫妻双方为解除婚姻关系所签署的，关于离婚以及财产分割、子女监护与探视以及子女抚养费等内容的书面协议。依据《婚姻法解释（三）》第 14 条的规定，"当事人达成的以登记离婚或者到人民法院协议离婚为条件的财产分割协议，如果双方协议离婚未成，一方在离婚诉讼中反悔的，人民法院应当认定该财产分割协议没有生效，并根据实际情况依法对夫妻共同财产进行分割"。但依据《婚姻法解释（二）》的规定，已经依据离婚协议办理离婚登记的，一方反悔，或拒不履行离婚协议关于财产分割的义务，另一方诉至法院，法院还是承认离婚协议的效力。任何一方拒不执行，对方就可以申请法院强制执行。

13. 现实生活中，有些人以离婚为手段转移财产、逃避债务，对于这种侵害债权人合法权益的行为，《婚姻法解释（二）》第25条规定："当事人的离婚协议或者人民法院的判决书、裁定书、调解书已经对夫妻财产分割问题作出处理的，债权人仍有权就夫妻共同债务向男女双方主张权利。一方就共同债务承担连带清偿责任后，基于离婚协议或者人民法院的法律文书向另一方主张追偿的，人民法院应当支持。"

二、咨询应注意的事项及基本的服务流程

1. 仔细、耐心听取当事人的陈述。首先，确定当事人是否确实有合法的婚姻关系存在；其次，了解离婚当事人争议的焦点所在。

2. 听取陈述后，对事实仍不清楚的，要适时向当事人提出问题。

3. 确定二人离婚的真实原因及财产的范围，具体来讲以结婚证登记的时间为界线审查哪些属于婚前财产，哪些属于婚后财产；对于一些重大财产比如房产要重点进行审查，并给予详细的法律解答；对于一些从婚前延续到婚后才取得财产所有权的重大财产，要对照法律规定，仔细分析给出合理意见。

4. 明确争议双方的子女抚养状况。

5. 针对所了解的案件情况，结合相关法律依据，对当事人提出合理的法律意见。

训练任务

通过常见离婚财产分割纠纷的咨询工作流程的一系列训练，培养学生在遇到这类纠纷时的咨询接待技巧；培养学生分析离婚法律关系的能力，使其能够熟练运用相关法律知识，为咨询者提供全面准确的法律服务。

示范案例

李某与张某房产纠纷案

李某于2009年按揭贷款购买了一套商品房，支付了20万元首付款，并办理了贷款手续，约定还贷10年，每月支付4000元。李某于2010年取得房屋产权登记，2011年12月与张某登记结婚，二人对房子进行装修后入住。婚后，双方精打细算，购买了一辆价值6万元的汽车，用于张某上班使用。此外，二人还购置了高级相机、苹果电脑等物。后由于性格反差，二人经常为一些生活琐事发生争吵。2014年2月李某向法院提起了离婚诉讼。张某认为，汽车是自己日常上班的通行工具，理应归自己所有；相机和电脑等物可以按共同财产进行分割，而房产，虽是李某付的首付，但在结婚时自己投入了好几万的个人婚前积蓄参与了房子的装修，且在婚后两人共同为该房子还贷，该房产已增值，所以该房产应是夫妻共有财产，应平均分割。而李某认为，汽车是夫妻共同收入所购买，虽然平时张某使用得多，但不能由此认定为张某的个人财产，应视为共同财产进行分割；而房子是自己婚前购买的财产，且自己取得了房屋产权登记，虽然张某出了一部分装修钱，但应属婚前个人财产，所以不能分割，应归自己所有；其他财产，同意张某的意见。法院对此案进行了多次调解，一直没有效果。

【律师意见】就本案来说，司法实践中出现了两种不同的观点：

一种观点认为该房产不能分割。理由在于：当事人在付清全部房价款之前，虽然取得了产权证，但对按揭房屋实际上还未取得所有权，还款的过程实质上是一个所有权回赎的过程。依据是《婚姻法解释（二）》第 21 条第 1 款关于"离婚时双方对尚未取得所有权或者尚未取得完全所有权的房屋有争议且协商不成的，人民法院不宜判决房屋所有权的归属，应当根据实际情况判决由当事人使用"的规定。

另一种观点认为当事人进行了房屋权属登记，虽然未还清贷款，但不影响按揭房产的分割，应当依据《婚姻法解释（三）》第 10 条规定处理，由产权登记一方对另一方进行补偿。

【律师提示】本案的房屋产权证是在婚前获得的，虽然婚后夫妻二人共同还贷，但判定其归属的法律依据要参考《婚姻法》第 17 条、第 18 条、第 39 条和《婚姻法解释（三）》第 5 条、第 10 条的规定。

关于此类案件，全国各地"同案不同判"的现象已屡见不鲜。究其根源，在于离婚诉讼中按揭房产的归属与分割是一个综合性的法律问题，不同的裁判者出于对不同法律制度或者原则的不同理解，就会得出不同的结论。

【训练提示】本案要明确三个问题：①婚前一方利用银行贷款购房，婚后双方共同还贷，离婚时尚未还清银行贷款的按揭房产能否分割？②财产分割中按揭房屋的权属如何认定？③如何确定车子的归属？

训练案例

【案例一】　　　　　　　　**父母出资购房归属纠纷**

刘某与曹某于 2001 年 2 月 16 日登记结婚，2001 年 10 月 30 日，曹某购买位于北京市朝阳区双桥东路房屋一套。该房总价 26 万余元，分三次付清。该房由二人居住，房屋产权登记在曹某名下。2012 年，二人发生离婚纠纷，对于其他财产的分割没有异议，对于此套房产，二人争执不下。曹某称：购房款是由其父母全部出资的，分别于 2001 年 6 月 14 日、2001 年 6 月 21 日通过银行汇给自己 27 万余元，有汇款票据为证。刘某称：购房款是夫妻二人商量由两家共同出资的，刘某的父母、姐姐出资 7 万余元，自己亦拿出个人积蓄 4 万余元，自己共出资了 11 万元，剩余的购房款由曹某一方筹集，具体来源不详。刘某对其所述没有证据证明，但辩称，即使是曹某父母有汇款单据，也只能证明曹某与其父母有经济往来，不能证明相关款项用于购买争议的房屋，曹某一方筹款中如有其父母出资，应视为父母的赠与。现二人离婚，对此套房产的归属产生异议。那么，这套住房是否属于夫妻共同财产？

【训练任务】1. 训练学生对案件主要事实的摘录技能，每位学生完成一份书面案情摘要。

2. 通过案例训练，学生应学会夫妻共同财产范围的分析和确定。

【训练程序】1. 教师布置训练任务；

2. 教师组织学生完成训练任务；

3. 教师总结、点评。

【训练提示】适用《婚姻法》第 17 条、第 18 条、第 39 条，《婚姻法解释（一）》第 19 条，《婚姻法解释（二）》第 22 条，以及《婚姻法解释（三）》第 5 条、第 7 条等法律规定分析该案。

【案例二】　　　　　　　协议离婚后又反悔纠纷

2011 年李某与应某经人介绍确立恋爱关系，四个月后两人登记结婚，婚后两人商量着搬离男方应某父母的房子，过二人世界的生活。于是女方李某父母资助 30 万元，男方应某父母资助 50 万元，并按揭贷款 30 万元于杭州滨江买了一套二手房，在花了将近 10 万元的装修后，两人在 2012 年 5 月份搬进新房居住。婚后两人因为性格不和时常吵架，2013 年女方李某无意中从男方应某手机里发现男方与婚外异性有暧昧关系，两人为此大吵一架，男方回到父母家中生活，后经两家父母调和无果，两人于 2013 年 7 月协议离婚，离婚协议约定：滨江的房子及屋内的家具、电器归女方所有，剩余房贷归女方一人负责归还；属于两人的日常生活用品归各自所有。事后，男方父母对于自己儿子这种几乎净身出户的冲动行为埋怨不已，也曾找过女方想重新分割财产，遭到女方拒绝。男方在父母的责怪和埋怨下，越想越不甘心，于是在2013年11月起诉要求重新分割房产。

原告男方应某起诉称：离婚协议书实际是原告受胁迫签署的，不是其本人的真实意思，协议显失公平，要求撤销原离婚协议约定，重新分割房产。

【训练任务】学生分两组完成以下训练任务：

1. 两组各代表男女两方提出法律意见。

2. 每组提交书面代理意见书一份。

【训练程序】1. 教师布置训练任务；

2. 教师组织学生完成训练任务；

3. 教师总结、点评。

【训练提示】1. 夫妻双方在订立财产分割协议时一方有无欺诈、胁迫等可作变更或撤销财产分割协议的法定情形？

2. 离婚协议是否真实有效？

3. 适用《婚姻法》第17条、第18条、第39条，《婚姻法解释（二）》第8条、第9条、第22条，以及《婚姻法解释（三）》第5条、第7条等法律规定分析该案。

【案例三】　　　　　　转移财产行为该如何处理？

2005年3月，韦某与陈某登记结婚，2007年生育有一女儿陈丽。夫妻共同在陈某父亲的工厂工作，陈某的父亲按月付给二人工资，在婚姻存续期间，夫妻二人购买了两套房产、一辆汽车及若干家电。2010年，陈某工作时结识了另一个女人高某，二人发生不正当男女关系，被韦某发现后，多次劝说无果，韦某于2013年2月向法院提起离婚诉讼。陈某得知韦某起诉要求与其离婚后，于2013年3月将其中一套房产私自赠与高某，并办理了过户手续；2013年4月将另一套房产以其侄子陈小某的名字办理了产权证，当时陈小某还在上小学，不可能有经济能力购房。在离婚诉讼中，韦某提出：①陈某私自转移夫妻共同财产，导致自己的合法财产受到损害，要求法院将陈某私自赠与高某的房产及办理在陈小某名下的房产作为夫妻共同财产予以分割；②自己在陈某父亲的工厂工作多年，要求分割工厂的一部分财产；③汽车及其他家用电器等财产作为夫妻共同财产进行分割。韦某的请求遭到陈某的反对。

【训练任务】1. 这两套房产的产权如何认定？

2. 工厂属于夫妻共同财产还是家庭共有财产？韦某能否分割？

3. 其他的财产能否作为夫妻共同财产？

4. 在具体分割夫妻共同财产时，是否应当考虑陈某的利益？

【法律适用】适用《婚姻法》第 17 条、第 39 条、第 47 条，《婚姻法解释（二）》第 20 条，以及《婚姻法解释（三）》第 11 条第 2 款等法律规定分析该案。

【案例四】　　　　　　　　假离婚案

2008 年 9 月冯某与江某登记结婚，婚后生一女，江某没有工作，家庭所有开支均靠丈夫冯某经商维持。2012 年 12 月，冯某因周转资金困难，向张某借款 8 万元并出具借条，借条上写"因经营资金周转困难，今借到张某现金 8 万元，2013 年 12 月还清此款"。同时，冯某因为自己姐姐家孩子生病需要用钱，以自己的名义向李某借款 5 万元，有借条为证。

2013 年 9 月，冯某因债务太多，便与其妻江某协议离婚，双方在离婚协议中约定，夫妻共有的价值约 80 万元的住房一套及全部家具、电器归女方所有，债务由男方偿还。2013 年 12 月，张某与李某分别到冯家催要借款，不见冯某的下落，江某告诉张某，其已和冯某离婚了，借钱的事其不知道，要张某找冯某要借款。张某催要借款无果，将冯某及江某同时告上法庭，要求二人偿还借款 8 万元。同时，李某向法院起诉，要求冯某归还欠款 5 万元。

【训练任务】1. 冯某与江某的离婚协议是否具有法律效力？

2. 冯某向张某所借 8 万元是否属于夫妻共同债务？

3. 冯某向李某所借 5 万元是否属于夫妻共同债务？

4. 这两项债务如何清偿？

【训练程序】1. 将全班学生分组对案例进行分析，每组提供书面的分析意见。

2. 每组派一名学生作为主发言人，其他学生进行补充发言；有不同意见的学生可以提出自己的不同意见。

3. 由老师总结点评并提出参考意见。

【训练提示】适用《婚姻法》第 17 条、第 41 条，《婚姻法解释（一）》第 17 条，《婚姻法解释（二）》第 8 条、第 23 ~ 25 条等法律规定分析该案。

讨论案例

王某与张某离婚财产分割纠纷案

2010 年王某与张某结婚，后因感情不和，二人要求离婚。

现得知：

1. 王某父亲单位有一套公产房，系王某夫妻二人共同出资购买，但一直没有过户，仍是王某父亲的名字；

2. 张某在某有限责任公司有股份；

3. 王某与朋友合伙办了一个企业；

4. 张某的叔叔赠送给张某一辆汽车，指明用于张某出行使用；

5. 王某母亲去世，王某按法定继承分得了 20 万元遗产；

6. 张某由于赌博欠下 3 万元外债，王某由于母亲生病欠下 5 万元外债。

后二人协议离婚，离婚协议中载明：夫妻共同财产房屋一套、20 万元存款及汽车归王某所有，张某的股份及王某合伙的份额归各自所有。

离婚后，张某反悔，遂以协议离婚时财产分割不公为由向法院起诉，请求重新分割财产。

【讨论问题】该案应如何处理？

【讨论提示】1. 如果二人没有协议离婚，而是起诉离婚，你认为现有的财产应如何处理？

2. 张某对离婚协议反悔，能否起诉重新分割财产？

3. 该离婚协议的法律效力如何？

4. 外债如何处理？

5. 适用《婚姻法》第 17 条、第 18 条、第 41 条，《婚姻法解释（一）》第 19 条，《婚姻法解释（二）》第 8 条、第 9 条、第 15～17 条，以及《婚姻法解释（三）》第 12 条等法律规定分析该案。

6. 需要注意夫妻离婚时债务的确认和清偿。《婚姻法》第 41 条规定："离婚时，原为夫妻共同生活所负的债务，应当共同偿还。共同财产不足清偿的，或财产归各自所有的，由双方协议清偿；协议不成时，由人民法院判决。"这是《婚姻法》对夫妻离婚时债务清偿的规定。夫妻共同生活所负债务包括：婚姻关系存续期间为购置家庭生活用品、支付家庭生活开支、夫妻一方或双方乃至子女治疗所负的债务；修缮房屋、生产经营以及其他生活所需而负的债务。为抚养子女、赡养老人，以及夫妻双方同意为资助亲朋所负的债务，也为夫妻共同债务。夫妻个人债务，是指夫妻一方在婚前所负的债务，以及婚后与共同生活无关，为满足个人需要或者资助个人亲朋所负的债务，或双方约定应由个人清偿的债务。一方单独的债务应由个人偿还。夫妻个人债务一般有：①夫妻双方约定由个人负担的债务，但以逃避债务为目的的除外。②一方未经同意，擅自资助与其没有抚养义务的亲友所负的债务。没有抚养义务，指没有法定的抚养、赡养、扶养义务。未经对方同意，包括未征得对方同意和对方反对而擅自对亲友进行资助。③一方未经对方同意独自筹资从事经营活动，其收入确未用于共同生活所负的债务。这种经营活动属于个人一方的经营活动，所负的债务应该为个人债务，由个人负责清偿。④其他应由个人承担的债务。具体包括：因个人实施违法行为所负的债务；婚前一方所欠的债务；婚后一方为满足私欲而挥霍的债务；婚姻关系存续期间，双方关系恶化，分居生活，一方从事经营所欠的债务，其经营收入未用于家庭共同生活的；等等。

二、扶养[1]纠纷法律咨询

> **知识储备**

扶养、抚养、赡养是人类社会最基本的法律关系，一定范围内的亲属相互之间的扶养义务，是婚姻法又一个核心的内容。扶养有广义和狭义之分。广义上的扶养泛指特定亲属之间根据法律规定而存在的经济上相互供养、生活上相互照顾的权利义务关系，囊括了长辈亲属对晚辈亲属的"抚养"、平辈亲属之间的"扶养"和晚辈亲属对长辈亲属的"赡养"三种具体形态。狭义的扶养则专指平辈亲属之间尤其是夫妻之间依法发生的经济供养和生活扶助的权利义务关系。人与人之间是否有这种法律关系一般以婚姻法的规定为标准予以判断。但有时也要兼顾权利、义务的平衡，比如继子女是否对继父母有赡养义务，就以继父母对继子女是否进行过抚养为判断标准，有抚养则有赡养，无抚养则无赡养。

（一）扶养关系的相关法律规定

1.《婚姻法》第4条规定，夫妻应当互相忠实，互相尊重；家庭成员间应当敬老爱幼，互相帮助，维护平等、和睦、文明的婚姻家庭关系。

2.《婚姻法》第20条规定，夫妻有互相扶养的义务。一方不履行扶养义务时，需要扶养的一方，有要求对方付给扶养费的权利。

---

〔1〕 为了表述方便，此处的"扶养"为广义上的概念，包括下文中的"扶养"、"抚养"、"赡养"。

3. 《婚姻法》第 29 条规定，有负担能力的兄、姐，对于父母已经死亡或父母无力抚养的未成年的弟、妹，有扶养的义务。由兄、姐扶养长大的有负担能力的弟、妹，对于缺乏劳动能力又缺乏生活来源的兄、姐，有扶养的义务。

4. 《婚姻法》第 44 条规定，对遗弃家庭成员，受害人有权提出请求，居民委员会、村民委员会以及所在单位应当予以劝阻、调解。对遗弃家庭成员，受害人提出请求的，人民法院应当依法作出支付扶养费、抚养费、赡养费的判决。

5. 《婚姻法》第 48 条规定，对拒不执行有关扶养费、抚养费、赡养费、财产分割、遗产继承、探望子女等判决或裁定的，由人民法院依法强制执行。有关个人和单位应负协助执行的责任。

6. 《婚姻法解释（三）》第 8 条规定，无民事行为能力人的配偶有虐待、遗弃等严重损害无民事行为能力一方的人身权利或者财产权益的行为，其他有监护资格的人可以依照特别程序要求变更监护关系；变更后的监护人代理无民事行为能力一方提起离婚诉讼的，人民法院应予受理。

（二）抚养关系的相关法律规定

1. 《婚姻法》第 21 条第 1 款、第 2 款、第 4 款分别规定，父母对子女有抚养教育的义务；子女对父母有赡养扶助的义务。父母不履行抚养义务时，未成年的或不能独立生活的子女，有要求父母付给抚养费的权利。禁止溺婴、弃婴和其他残害婴儿的行为。

2. 《婚姻法》第 23 条规定，父母有保护和教育未成年子女的权利和义务。在未成年子女对国家、集体或他人造成损害时，父母有承担民事责任的义务。

3. 《婚姻法》第 25 条规定，非婚生子女享有与婚生子女同等的权利，任何人不得加以危害和歧视。不直接抚养非婚生子女的生父或生母，应当负担子女的生活费和教育费，直至子女能独立生活为止。

4. 《婚姻法》第 26 条规定，国家保护合法的收养关系。养父母和养子女间的权利和义务，适用本法对父母子女关系的有关规定。养子女和生父母间的权利和义务，因收养关系的成立而消除。

5. 《婚姻法》第 27 条规定，继父母与继子女间，不得虐待或歧视。继父或继母和受其抚养教育的继子女间的权利和义务，适用本法对父母子女关系的有关规定。

6. 《婚姻法》第 28 条规定，有负担能力的祖父母、外祖父母，对于父母已经死亡或父母无力抚养的未成年的孙子女、外孙子女，有抚养的义务。有负担能力的孙子女、外孙子女，对于子女已经死亡或子女无力赡养的祖父母、外祖父母，有赡养的义务。

7.《婚姻法》第36条规定，父母与子女间的关系，不因父母离婚而消除。离婚后，子女无论由父或母直接抚养，仍是父母双方的子女。离婚后，父母对于子女仍有抚养和教育的权利和义务。离婚后，哺乳期内的子女，以随哺乳的母亲抚养为原则。哺乳期后的子女，如双方因抚养问题发生争执不能达成协议时，由人民法院根据子女的权益和双方的具体情况判决。

8.《婚姻法》第37条规定，离婚后，一方抚养的子女，另一方应负担必要的生活费和教育费的一部或全部，负担费用的多少和期限的长短，由双方协议；协议不成时，由人民法院判决。关于子女生活费和教育费的协议或判决，不妨碍子女在必要时向父母任何一方提出超过协议或判决原定数额的合理要求。

9.《婚姻法》第44条规定，对遗弃家庭成员，受害人有权提出请求，居民委员会、村民委员会以及所在单位应当予以劝阻、调解。对遗弃家庭成员，受害人提出请求的，人民法院应当依法作出支付扶养费、抚养费、赡养费的判决。

10.《婚姻法》第48条规定，对拒不执行有关扶养费、抚养费、赡养费、财产分割、遗产继承、探望子女等判决或裁定的，由人民法院依法强制执行。有关个人和单位应负协助执行的责任。

11.《婚姻法解释（一）》第21条规定，《婚姻法》第21条所称"抚养费"，包括子女生活费、教育费、医疗费等费用。

12.《婚姻法解释（一）》第26条规定，未成年子女、直接抚养子女的父或母及其他对未成年子女负担抚养、教育义务的法定监护人，有权向人民法院提出中止探望权的请求。

13.《婚姻法解释（三）》第2条规定，夫妻一方向人民法院起诉请求确认亲子关系不存在，并已提供必要证据予以证明，另一方没有相反证据又拒绝做亲子鉴定的，人民法院可以推定请求确认亲子关系不存在一方的主张成立。当事人一方起诉请求确认亲子关系，并提供必要证据予以证明，另一方没有相反证据又拒绝做亲子鉴定的，人民法院可以推定请求确认亲子关系一方的主张成立。

14.《婚姻法解释（三）》第3条规定，婚姻关系存续期间，父母双方或者一方拒不履行抚养子女义务，未成年或者不能独立生活的子女请求支付抚养费的，人民法院应予支持。

15.《婚姻法解释（三）》第8条规定，无民事行为能力人的配偶有虐待、遗弃等严重损害无民事行为能力一方的人身权利或者财产权益的行为，其他有监护资格的人可以依照特别程序要求变更监护关系；变更后的监护人代理无民事行为能力一方提起离婚诉讼的，人民法院应予受理。

16.《最高人民法院关于人民法院审理离婚案件处理子女抚养问题的若干具体意见》的相关法律规定。

（三）赡养关系的相关法律规定

1.《婚姻法》第21条第1款、第3款规定，父母对子女有抚养教育的义务；子女对父母有赡养扶助的义务。子女不履行赡养义务时，无劳动能力的或生活困难的父母，有要求子女付给赡养费的权利。

2.《婚姻法》第26条规定，国家保护合法的收养关系。养父母和养子女间的权利和义务，适用本法对父母子女关系的有关规定。养子女和生父母间的权利和义务，因收养关系的成立而消除。

3.《婚姻法》第27条第2款规定，继父或继母和受其抚养教育的继子女间的权利和义务，适用本法对父母子女关系的有关规定。

4.《婚姻法》第28条规定，有负担能力的孙子女、外孙子女，对于子女已经死亡或子女无力赡养的祖父母、外祖父母，有赡养的义务。

5.《婚姻法》第44条规定，对遗弃家庭成员，受害人有权提出请求，居民委员会、村民委员会以及所在单位应当予以劝阻、调解。对遗弃家庭成员，受害人提出请求的，人民法院应当依法作出支付扶养费、抚养费、赡养费的判决。

6.《婚姻法》第48条规定，对拒不执行有关扶养费、抚养费、赡养费、财产分割、遗产继承、探望子女等判决或裁定的，由人民法院依法强制执行。有关个人和单位应负协助执行的责任。

7.《中华人民共和国老年人权益保障法》第二章关于家庭赡养与扶养的规定。

（四）咨询应注意的事项及基本审查流程

1. 在接待咨询者的过程中要做到"听全"、"听准"、"听懂"。就是要有耐心，聚精会神，对问题的细节或关键情节不能含混和疏漏，要边听边总结。

2. 认真审阅证据、资料并观察咨询者的精神状态。

3. 有针对性地提问。

4. 向咨询者解释相关的法律依据。

5. 结合相关法律依据综合分析纠纷，给咨询者最合理的法律帮助。

训练任务

通过对日常生活中一定范围内亲属间的权利义务内容咨询工作流程的一系列训练，培养学生在遇到这类纠纷时的咨询接待技巧，使学生能够熟练运用相关法律知识，为咨询者提供精准的法律服务。

训练案例

【案例一】   **继父母对继子女抚养纠纷案**

李某系张某与前夫所生的女儿。2001 年 11 月，张某与赵某结婚，李某与赵某形成继父女关系。2010 年 7 月，张某与赵某协议离婚，双方离婚时协议：李某由赵某抚养，张某不付抚养费等。2010 年 12 月，赵某反悔，随后李某离开赵某随生母共同生活，在此期间赵某未负担李某日常生活费用。2011 年 3 月，张某以赵某将李某赶出家门、不负担李某抚养费为由，将赵某起诉至法院，要求变更抚养关系，并要求赵某每月负担李某抚养费 1000 元。

【训练任务】 1. 继父母与生父母离婚后，继父母对继子女是否负有抚养义务？

2. 能否排除生父母的法定抚养义务？

3. 继父母与生父母离婚时约定对继子女负有抚养义务，能否单方面解除该协议？

【训练程序】 由同学组成学习小组对此案例进行现场解答，其他学生自由发言，提出自己的意见，最后由老师进行总结点评。

【训练提示】 适用《婚姻法》第 21 条、第 27 条、第 36 条，以及《最高人民法院关于人民法院审理离婚案件处理子女抚养问题的若干具体意见》第 13 条等法律规定分析该案。

另外，本案涉及继父母离婚后，继父母约定对继子女的抚养义务能否解除的问题。因该类法律问题缺乏明确的法律规定，对当事人的利益影响很大，为此，在法律咨询过程中，应把握以下问题：

1. 继父母对继子女不承担法定的抚养义务。继父母子女关系是因生父或生母的再婚而形成的，体现为姻亲关系。从我国相关法律来看，对继父母抚养义务的确认是以形成抚养事实为前提的，并非因婚姻关系而直接产生的。《婚姻法》第 27 条对此有规定。

2. 继父母可以解除已经形成的事实抚养关系。依据《婚姻法》第 27 条、《最高人民法院关于人民法院审理离婚案件处理子女抚养问题的若干具体意见》第 13 条的规定，继父母与生父母离婚时，对曾受其抚养教育的继子女，继父或继母不同意继续抚养的，仍应由生父母抚养。

3. 继父母可以解除约定的抚养义务。在实际生活中，可能出于各种原因，继父母与生父母离婚后，仍愿意承担对继子女的抚养义务，这要通过协议的方式来约定。依据《最高人民法院关于人民法院审理离婚案件处理子女抚养问题的若干具体意见》第13条的规定，这种约定的抚养关系也是可以解除的。

4. 继父母与生父母不能通过约定免除生父母的法定抚养义务。生父母对子女具有当然的抚养义务，其在子女成年之前是必须承担抚养义务的。

正常父母子女之间的抚养关系，大家都不难理解，而我国现阶段由于离婚率居高不下，司法实践中出现的继父母与继子女抚养关系这类特殊类型的纠纷，给很多人造成一定的困惑。通过对学生技能的训练，使学生准确地把握此类纠纷的处理办法及相关的法律依据。

【案例二】　　　　　　　夫妻间扶养纠纷案

2007年，原告丽丽（化名）与被告小华（化名）经人介绍相识后确立恋爱关系。2008年5月原、被告登记结婚。婚后初期原、被告夫妻感情较好。2010年3月、5月原告两次发生生理流产，2011年8月又因宫外孕手术被切除一根输卵管。由此夫妻之间产生矛盾，夫妻关系开始僵化。2013年10月，原告又被检查出患有脑瘤，住院治疗花费医疗费用10万余元，出院后回娘家休养。期间被告一直没有去探望原告，仅被告之父送去医疗费13 000元，后医疗保险报销10 080元，其余款项均是原告从自己亲戚、朋友处借款支付。

【训练任务】1. 被告是否应当承担原告的扶养费？

2. 如果被告属于生活困难，是不是就可以不承担扶养义务？

3. 如果被告不承担扶养义务，是否应当受到法律制裁？

【训练程序】1. 教师将分成若干小组，确定小组长；

2. 小组长组织组员分析案例，拟定小组意见；

3. 小组发表意见；

4. 教师总结点评。

【训练提示】适用《婚姻法》第2条、第4条、第20条、第44条、第45条、第46条、第48条等法律规定分析该案。

【案例三】　　　　　　　父母对子女的抚养纠纷案

原告余某（女）、被告马某（男）于1994年7月登记结婚。1995年8

月生育一女，2003 年生育一子，2013 年 1 月生育一子。2014 年 2 月起二人分居，子女随原告生活。2014 年 5 月原告诉至法院，要求与被告离婚，被告承担子女的抚养义务。法院查明二人的经济状况为：原告的工作相对稳定，月收入 1500 元；被告是下岗工人，靠低保和打零工生活；大女儿因为个人感情受到刺激，得了精神分裂症，生活不能自理，大儿子在上小学，小儿子由爷爷奶奶帮助照看。

【训练任务】1. 三个孩子应如何来抚养？

2. 如果生活困难，是不是就可以不承担子女的抚养义务？

3. 如果不承担子女的抚养义务，应受到什么样的法律制裁？

【训练程序】1. 教师将分成若干小组，确定小组长；

2. 小组长组织组员分析案例，拟定小组意见；

3. 小组发表意见；

4. 教师总结点评。

【训练提示】适用《婚姻法》第 2 条、第 4 条、第 20 条、第 44 条、第 45 条、第 46 条、第 48 条等法律规定分析该案。

【案例四】　　　　　子女对父母的赡养纠纷

原告朱老太与前夫闻某生有二子一女，前夫因病去世后，朱老太于 1968 年改嫁同村的于某，并落户于某家中，后又与于某生了两个女儿。朱老太改嫁后，闻氏三兄妹依靠自己的辛勤劳动、集体的照顾和政府的救济相依为命。现闻氏三兄妹均已成家单独生活。朱老太一直与和于某所生的大女儿夫妇共同生活，现朱老太年老多病，无经济来源，五个子女就朱老太的赡养事宜未能形成一致意见。朱老太遂将其五个子女告上法庭，要求子女尽赡养义务。

闻家大儿子辩称：前几年逢年过节我都给母亲送百十块钱。母亲 1968 年改嫁后，我们三兄妹单独生活，母亲没有补贴给我们一分粮草钱。于家大女儿是招女婿上门，所以他们应当对母亲尽赡养义务。我可以赡养母亲，但她必须跟我一起生活。

闻家二儿子辩称：我动过手术，家庭困难，无赡养老人的能力。

闻家三女儿辩称：赡养母亲我没有意见。但是农村有习俗，招女婿就应当养老送终，我是出嫁的女儿，可以送送东西，要我贴钱给母亲我不同意。

于家大女儿辩称：母亲一直跟随我一起生活，生病也是由我一人负担的，现在要求兄妹们一起分担赡养责任。

于家小女儿辩称：我现在生病，没有能力赡养老人。

【训练任务】 1. 出嫁的女儿对父母有无赡养义务？

2. 父母在孩子小的时候没有完全尽到抚养义务，子女对父母的赡养义务是否可以免除？

3. 本案中朱老太应由谁来赡养？

【训练程序】 1. 教师将分成若干小组，确定小组长；

2. 小组长组织组员分析案例，拟定小组意见；

3. 小组发表意见；

4. 教师总结点评。

【训练提示】 适用《婚姻法》第 15 条、第 21 条，《老年人权益保障法》第 13 条、第 14 条、第 15 条、第 16 条、第 18 条、第 20 条、第 21 条、第 24 条、第 26 条等法律规定分析该案。

讨论案例

丈夫对妻子及孩子扶养纠纷案

红红本来有一个幸福的家，爸爸是一家大企业的职工，收入颇丰，妈妈是一名家庭妇女，在家里照顾孩子，一家三口其乐融融。然而，2012 年 10 月的一次意外，导致红红母亲瘫痪，生活不能自理，红红爸爸一开始还能照顾妻子，后来慢慢就不回家了，挣了钱也不往家里拿，不仅不管妻子的生活，对 4 岁的红红也不管不问。家里失去了经济来源，红红和母亲的生活一下子变得很拮据。红红母亲几次和父亲协商，希望父亲能够对自己和孩子承担责任，但都遭到拒绝。2013 年 7 月红红父亲向法院起诉离婚，并怀疑红红不是自己的亲生骨肉，所以不承担对孩子的抚养义务。

【讨论问题】 1. 如何认定红红和父亲的血缘关系？

2. 如果红红母亲不同意做鉴定，应当承担什么法律后果？

3. 红红父亲对红红母亲是否应当承担责任和义务？

4. 谁应对红红负有抚养义务？

【讨论提示】 适用《婚姻法》第 20 条、第 21 条、第 36 条、第 44 条、第 48 条，《婚姻法解释（三）》第 2 条、第 3 条，以及《最高人民法院关于人民法院审理离婚案件处理子女抚养问题的若干具体意见》第 3 条的规定分析该案。

三、婚姻法其他方面经常被咨询到的问题

（一）结婚方面

1. 有旁系血亲关系的男女双方能否结婚？旁系血亲是指和自己有间接的血缘关系的亲属，即指直系血亲以外的，在血缘关系上和自己同出一源的亲属，如同胞兄弟姐妹、堂兄弟姐妹、叔伯姑舅等。根据我国《婚姻法》的规定，三代以内的旁系血亲不得结婚，在这个范围以外的旁系血亲可以结婚。这一规定主要是基于优生优育的考虑。

2. 有姻亲关系的男女双方能否结婚？姻亲是因婚姻而产生的亲属关系。姻亲间是否能结婚，我国《婚姻法》没有明确规定，具体情况应根据立法精神及我国的社会伦理道德来判断：

（1）对因姻亲而产生的拟制血亲如继父母与子女，双方不应结婚。理由是：受抚养的继子女与继父母关系适用父母子女的规定，因此，他们不能结婚。

（2）对直系姻亲，如公公与儿媳妇、女婿与岳母之间能否结婚，我国《婚姻法》没有明确规定，但因直系姻亲辈分不同，结婚生育会违背社会伦理道德，因此不宜结婚。

（3）旁系姻亲，如嫂子与叔伯间，因双方不存在血缘关系，符合结婚条件的可以结婚。

（二）判决离婚的法定条件

按照我国《婚姻法》的规定，如感情确已破裂，调解无效，应准予离婚。夫妻"感情确已破裂"是判决离婚的法定条件。"感情确已破裂"是实体性规定，是准予离婚与不准予离婚的法定条件。

"调解无效"则是程序性规定，不能视为判决离婚的法定条件。审理离婚案件应当进行调解，调解无效的案件，许多是感情确已破裂的，从这个意义上来说，"调解无效"是"感情确已破裂"的一种反映。而有一些离婚案件，虽然是"调解无效"，但并非是夫妻"感情确已破裂"。在调解工作中，往往存在着力与不力、深入与不深入等差别，这些情形直接影响着调解效果。多年的民事审判实践说明，"调解无效"和"感情确已破裂"的含义不完全相同，"调解无效"并不都等于"感情确已破裂"。因此，不应当把"调解无效"作为认定"感情确已破裂"的根据。

在审判实践中，既不要把"感情确已破裂"与"调解无效"完全等同起来，也不要把"调解无效"简单地作为"感情确已破裂"的标志，更不要把"调解无效"作为判决离婚的法定条件。判决离婚的法定条件只是"感情确已破裂"。

（三）复婚方面的问题

复婚，是指已解除婚姻关系的男女双方自愿恢复夫妻关系，并依法到婚姻登记机关进行复婚登记的民事法律行为。《婚姻法》第35条规定："离婚后，男女双方自愿恢复夫妻关系的，必须到婚姻登记机关进行复婚登记。"据此：

1. 复婚登记的前提条件。

（1）男女双方曾存在夫妻关系。也就是说，在离婚前，男女双方具有婚姻关系，具有夫妻身份。

（2）男女双方出于自愿。在男女结婚和协议离婚时，法律都强调了当事人的自愿原则，在复婚上仍然强调自愿原则，也就是男女双方的复婚完全是自愿的，不存在一方欺骗、胁迫另一方的情形。

2. 复婚的程序。

（1）复婚必须办理复婚登记，也就是说只有经过登记，复婚双方的婚姻关系才能得到法律的承认和保护。

（2）办理复婚登记手续的男女双方，应当亲自到一方所在地婚姻登记机关办理。

（3）在办理复婚登记时，应当提交离婚证，由婚姻登记机关进行审查，防止当事人重婚。

3. 复婚的法律后果。

（1）在法律上承认他们之间的关系属于合法的婚姻关系。

（2）相互间有扶养的义务。

（3）所生子女为婚生子女。

（4）双方有相互继承遗产的权利。

讨论案例

婚姻法问题的综合分析判断

赵某（男）与孙某（女）均已达到法定婚龄，双方的母亲是亲姐妹，二人于2008年5月发生两性关系导致孙某怀孕。在父母的敦促下，两人于同年12月隐瞒姨表兄妹关系，办理了结婚登记，并于2009年2月生下一个有智力缺陷的女儿。2010年5月，赵某的祖父向人民法院提出申请要求宣告赵、孙的婚姻关系无效。经审理，查实双方确系禁止结婚的亲属，且均不愿意抚养女儿。人民法院随即判决双方婚姻关系无效，其女儿由孙某抚养，赵某承担部分抚养费用。孙某不服，提出上诉，认为：①赵某之祖父无权提出宣告婚姻无效的诉请；②人民法院审理中未进行调解即宣告婚姻无效，违反法定程序；③为了保护女方权益，即使婚姻无效，双方所生女儿也应由男方抚养。

【讨论问题】1. 赵某之祖父有无诉权主张该婚姻无效？

2. 讨论该案中孩子的抚养问题。

【讨论提示】1. 按照最高人民法院的司法解释，有权依据婚姻法的规定向人民法院就已办理结婚登记的婚姻申请宣告婚姻无效的主体，包括婚姻当事人和利害关系人。以有禁止结婚的亲属关系为由申请宣告婚姻无效的，利害关系人应是当事人的近亲属。赵某的祖父属于赵某的近亲属，因此其有权向人民法院提出宣告赵、孙婚姻无效的申请。

2. 按照最高人民法院的司法解释，人民法院审理宣告婚姻无效案件，对婚姻效力的审理不适用调解，应当依法作出判决；有关婚姻效力的判决一经作出，即发生法律效力。本案一审法院对婚姻效力问题不作调解是有充分根据的。

3. 由于当事双方均不愿意作为他们女儿的直接抚养方，一审法院根据《婚姻法》关于"离婚后，哺乳期内的子女，以随哺乳的母亲抚养为原则"的规定，判决两人所生女儿归孙某抚养，赵某承担部分抚养费用，于法有据，也有利于其女儿的成长。

训练案例

隐瞒财产案

李某（男）与赵某（女）于2000年登记结婚。后因双方感情恶化，于2007年11月经协商一致到婚姻登记机关办理了离婚登记手续，并对夫妻共同财产进行了分割。2010年12月3日，赵某得知，李某曾于2007年8月以10万元购买一套房屋，在办理离婚手续时并没有告知赵某，致使这一本属夫妻共同财产的房屋为李某独自侵占，因而赵某于2012年1月向人民法院起诉，要求重新分割这部分财产。李某辩称：当初离婚时，双方已经就夫妻共同财产进行了分割，现在已经过去4年多，诉讼时效已过，赵某再来请求分割财产，没有法律依据。请问：①赵某能否请求再次分割夫妻共同财产？②本案是否已经超过诉讼时效？③人民法院应如何处理这一案件？

【训练任务】通过案例，使学生能够运用《婚姻法》及其司法解释界定婚前婚后财产，以及了解离婚后发生有共同财产没有分割的情况该怎么办。

【训练程序】首先抽出三位同学对案例进行分析，说明分析的理由；然后由其他学生进行自由发言，提出自己的不同意见；最后由老师总结点评并提出意见。

【训练提示】1.《婚姻法》第47条第1款规定，离婚后，一方发现另一方隐藏、转移、变卖、毁损夫妻共同财产的，可以向人民法院提起诉讼，请求再次分割夫妻共同财产。

2. 最高人民法院的有关司法解释规定，当事人依据《婚姻法》第47条的规定向人民法院提起诉讼，请求再次分割夫妻共同财产的诉讼时效为2年，从当事人发现之次日起计算。

训练单元二　继承法律咨询

继承法是指调整因自然人的死亡而发生的继承关系的法律规范的总称，实际上它规范的是因自然人死亡而发生的财产移转关系。就其性质而言，继承法是私法、普通法、实体法、强行法和财产法。作为民法的一个重要组成部分，继承法既与一国的政治、经济制度相关，更与一国的文化传统、婚姻家庭制度有密切联系，在社会生活中有着重要的地位和作用。作为法律工作者，应当正确理解、准确运用《中华人民共和国继承法》及相关的司法解释，给予咨询者全面的法律帮助。

一、法定继承

知识储备

依据《中华人民共和国继承法》的规定，法定继承是继承方式之一。法定继承又称"无遗嘱继承"，是指在被继承人没有通过遗嘱对其遗产进行处理的情况下，由法律直接规定继承人范围、继承顺序、遗产分配原则的一种继承形式。法定继承并不能够直接体现被继承人的意志，而是仅仅通过法律推定被继承人的意思，将遗产由其近亲属继承。

在司法实践中，处理法定继承纠纷应注意以下几个问题：

1. 法定继承虽然是一种常见的继承方式，但继承开始后，如有遗嘱，应先适用遗嘱继承，只有在不适用遗嘱继承时才适用法定继承。而《继承法》同时又规定，遗嘱应当对缺乏劳动能力又没有生活来源的继承人保留必要的遗产份额。因此，尽管遗嘱继承限制了法定继承的适用范围，但同时法定继承也对遗嘱继承构成了一定的限制。

2. 《继承法》第3条规定，遗产是公民死亡时遗留的个人合法财产，包括：①公民的收入；②公民的房屋、储蓄和生活用品；③公民的林木、牲畜和家禽；④公民的文物、图书资料；⑤法律允许公民所有的生产资料；⑥公民的著作权、专利权中的财产权利；⑦公民的其他合法财产。第7条规定，继承人有下列行为之一的，丧失继承权：①故意杀害被继承人的；②为争夺遗产而杀害其他继承人的；③遗弃被继承的，或者虐待被继承人情节严重的；④伪造、篡改或者销毁遗嘱，情节严重的。第26条第1款规定，夫妻在婚姻关系存续期间所得的共同所有的财产，除有约定的以外，如果分割遗产，应当先将共同所有的财产的一半分出为配偶所有，其余的为被继承人的遗产。

3. 法定继承中的继承人是法律基于继承人与被继承人之间的亲属关系规定的，而不是由被继承人指定的。法定继承中法律关于继承人、继承的顺序以及遗产的分配原则的规定是强制性的，任何人不得改变。《继承法》第 10 条规定："遗产按照下列顺序继承：第一顺序：配偶、子女、父母。第二顺序：兄弟姐妹、祖父母、外祖父母。继承开始后，由第一顺序继承人继承，第二顺序继承人不继承。没有第一顺序继承人继承的，由第二顺序继承人继承。本法所说的子女，包括婚生子女、非婚生子女、养子女和有扶养关系的继子女。本法所说的父母，包括生父母、养父母和有扶养关系的继父母。本法所说的兄弟姐妹，包括同父母的兄弟姐妹、同父异母或者同母异父的兄弟姐妹、养兄弟姐妹、有扶养关系的继兄弟姐妹。"继承开始后，由第一顺序继承人继承，第二顺序继承人不发生继承。没有第一顺序继承人或第一顺序继承人放弃、丧失继承权的，由第二顺序继承人继承；同一顺序法定继承人继承遗产的份额，一般应当均等，法律另有规定的除外。

4. 代位继承是指被继承人的子女先于被继承人死亡的，由被继承人子女的晚辈直系血亲代替先死亡的长辈直系血亲继承被继承人遗产的一项法定继承制度。先于被继承人死亡的继承人，称被代位继承人；代替被代位人继承遗产的人称代位继承人。代位继承人作为第一顺序继承人参加继承，一般只能继承被代位人应继承的遗产份额。

代位继承人虽作为第一顺序的继承人参加继承，但其并不是直接继承自己应继承的遗产份额，而是代位继承被代位人应继承的遗产份额，代位继承人为数人的，原则上由数个代位继承人平分被代位人应继承的份额，而不能由数个代位继承人与其他继承人一同按人分配被继承人的遗产。先于被继承人死亡的子女具备丧失继承权的条件且被法院判决丧失继承权的，其晚辈直系血亲不得代位继承。

代位继承只适用于法定继承，不适用于遗嘱继承。如果遗嘱继承人为被继承人的子女并且先于遗嘱人死亡，则该遗嘱继承人的晚辈直系血亲不能代位继承该遗嘱继承人依遗嘱应继承的遗产；遗嘱中指定该继承人继承的遗产应按法定继承处理，在法定继承中该继承人的晚辈直系血亲可代位继承。

5. 转继承是指继承人在继承开始后实际接受遗产前死亡，该继承人的继承权转由其合法继承人享有。转继承人就是实际接受遗产的死亡继承人的继承人。《最高人民法院关于贯彻执行〈中华人民共和国继承法〉若干问题的意见》第

52 条规定："继承开始后，继承人没有表示放弃继承，并于遗产分割前死亡，其继承遗产的权利转移给他的合法继承人。"第 53 条规定："继承开始后，受赠人表示接受遗赠，并于遗产分割前死亡的，其接受遗赠的权利移转给他的继承人。"

6.《继承法》第 12 条规定："丧偶的儿媳和女婿对公、婆、岳父、岳母，尽了主要赡养义务的，作为第一顺序继承人。"丧偶的儿媳和女婿对公、婆和岳父母之间，只存在姻亲关系，并无法律上的权利义务关系，他们彼此不发生遗产继承关系。但是，如果儿媳或者女婿在丧偶后，对公、婆、岳父、岳母提供了主要的经济支持、精神抚慰，使其安度晚年，可视为尽了主要的赡养义务，继承法规定其享有第一顺序继承人的权利。如果只尽了一般义务，则不成为法定继承人，可以根据《继承法》第 14 条规定的"对继承人以外的依靠被继承人扶养的缺乏劳动能力又没有生活来源的人，或者继承人以外的对被继承人扶养较多的人，可以分给他们适当的遗产"来处理。

7.《继承法》第 28 条规定："遗产分割时，应当保留胎儿的继承份额。胎儿出生时是死体的，保留的份额按照法定继承办理。"为胎儿保留遗产份额时，并不意味着该胎儿此时已继承了这份遗产。胎儿继承份额的保留，是指在分割遗产时，如果有胎儿（该胎儿出生后应属于被继承人的法定继承人范围），应当为胎儿保留继承份额。等胎儿出生后，针对不同的情形，有不同的处理办法：①如果胎儿出生时是活体，则该保留份额为该婴儿所有，可由其母亲代为保管；②如果胎儿出生后不久即死亡，则该保留份额为该婴儿所有，但应由该死婴的法定继承人按法定继承处理；③如果胎儿出生时是死体，则为胎儿保留的遗产份额仍然作为被继承人的遗产，由其他继承人按法定继承分配。

咨询应注意的事项及基本的服务流程：

1. 耐心听取咨询者的叙述。
2. 总结案情，找出纠纷的关键。
3. 针对案情，找出相关的法律依据。
4. 结合案情与相关的法律规定，对咨询者进行详细解答。
5. 对于咨询者提出的请求，给予恰当合理的建议。

训练任务

通过对法定继承纠纷的咨询工作流程的一系列训练，培养学生在遇到法定继承不同纠纷时的咨询接待技巧；训练学生能将所掌握的理论知识与实践结合起来，学以致用，为咨询者提供相应的法律帮助。

○ 示范案例

桂某诉钟乙等法定继承案

　　桂某与被继承人钟甲于 2005 年经人介绍同居，2009 年 6 月办理结婚登记，2010 年 6 月 22 日钟甲去世，没有留下遗嘱。钟甲与前妻生有四个子女：钟乙、钟丙、钟丁、钟戊，钟甲去世后，被告钟乙领取了钟甲最后一个月工资 3000 元，并负责操办了钟甲的丧葬事宜。钟红于 2010 年 6 月 18 日购置一台制氧机，供其父钟甲使用，制氧机价格为 4500 元。此外，还有一本写有钟甲名字的存折，上有存款 10 000 块钱，存款日期为 2010 年 4 月 21 日。桂某没有经济收入。现桂某认为自己作为钟甲的合法配偶，理应继承丈夫的全部遗产。这个观点遭到钟甲子女的一致反对。为此，桂某向法院提起诉讼。

　　【律师建议】1. 本案被继承人生前未留下遗嘱，所以，该案属于法定继承纠纷。依据《继承法》第 10 条的规定，被继承人的配偶、子女、父母是其第一顺序法定继承人。第一顺序继承人平等地享有法定继承权，相互间没有继承的先后顺序，继承的份额也应当均等。

　　2. 要明确遗产的范围。《继承法》第 26 条规定，夫妻在婚姻关系存续期间所得的共同所有的财产，除有约定的以外，如果分割遗产，应当先将共同所有的财产的一半分出为配偶所有，其余的为被继承人的遗产。遗产在家庭共有财产之中的，遗产分割时，应当先分出他人的财产。本案中，桂某与钟甲属于合法的夫妻关系，所以，在被继承人的遗产中间，应当分割出属于桂某的那一部分来，其余的才是钟甲的遗产。具体包括：最后一个月工资的一半、制氧机、存款 10 000 元的一半。制氧机是钟红在钟甲去世前几天买给钟甲的，这种行为应视为赠与行为，自然就属于钟甲的个人财产。

　　【训练程序】由同学组成学习小组对此案例进行现场解答，其他学生自由发言，提出自己的意见，最后由老师总结点评。

　　【训练提示】1. 子女与配偶是否享有平等的继承权？

　　2. 制氧机是否属于遗产？

　　3. 适用《继承法》第 10 条、第 13 条、第 15 条、第 26 条，《最高人民法院关于贯彻执行〈中华人民共和国继承法〉若干问题的意见》第 32 条等法律规定分析该案。

训练案例

【案例一】 代位继承纠纷

　　吕某与其妻有两个女儿一个儿子，分别是吕甲、吕乙和吕丙，且三者均已结婚。吕丙婚后生有二子吕丁、吕戊。2005 年，吕丙因车祸去世。2010 年、2011 年吕某与其妻先后去世，遗留下两套房子，30 万元存款，家具、电器若干。吕某夫妇去世后，吕甲与吕乙认为，弟弟吕丙早已离世，父母的继承人只有姐妹二人，父母遗留下的财产，理应由姐妹二人继承；吕丁、吕戊认为，自己的父亲作为祖父母的儿子，应享有对祖父母遗产的继承权，虽然自己的父亲先于祖父母去世，但作为父亲的亲生儿子，兄弟二人应当代替父亲继承祖父母的遗产。

【训练任务】 1. 通过训练明确继承人的范围、继承的顺序。

2. 明确继承权开始的时间。

3. 明确代位继承规定的适用。

4. 掌握口头咨询的基本礼仪。

【训练程序】 1. 教师布置训练任务；

2. 教师组织学生完成模拟现场咨询训练任务；

3. 教师总结、点评。

【训练提示】 适用《继承法》第 7 条、第 10 条、第 11 条、第 13 条、第 15 条，《最高人民法院关于贯彻执行〈中华人民共和国继承法〉若干问题的意见》第 25 条等法律规定分析该案。

【案例二】 转继承纠纷

　　2010 年 2 月，余某与李某因感情不和离婚，儿子李晓（化名）随同母亲生活。2012 年 12 月，歹徒苏某将李晓绑架，潜入李某购买的约有 60 平方米的住宅内，威逼其交出 2 万元存款。李某当场拒绝并与苏某搏斗，被苏某杀害。次日，苏某又将年仅 8 岁的李晓残忍杀害。

　　李某的父母料理好女儿及外孙的后事后，继承了李某遗留的房屋及 2 万元存款。此时，余某为此提出其享有 8 岁儿子遗产的继承权，遭到李某父母反对。2013 年 7 月，余某将李某的父母告上法庭，索讨儿子的遗产。

【训练任务】 1. 完成电话咨询的训练。

2. 掌握转继承的基本规定。

【训练程序】1. 教师布置训练任务。

2. 教师组织学生完成模拟电话咨询训练任务。

3. 教师总结、点评。

【训练提示】1. 李某死亡后，其遗留下的财产由谁来继承？

2. 李晓的继承人有哪些？

3. 余某有继承李晓的遗产的权利吗？

4. 房屋与存款最终应当如何分配？

5. 适用《继承法》第 10 条、第 15 条，《最高人民法院关于贯彻执行〈中华人民共和国继承法〉若干问题的意见》第 52 条等法律规定分析该案。

【案例三】　　　　　　丧偶的儿媳继承权纠纷

李甲与林乙于 1995 年结婚，生育林丙、林丁两个孩子，一家四口一直与林乙父母生活在一起。2000 年，林乙意外身亡，李甲带着两个孩子与公婆在一起生活。林乙还有两个妹妹，均已结婚，逢年过节也经常回去看望父母。但两位老人日常生活主要由李甲照料，日常开销也主要由李甲负担。2005 年，李甲再婚后仍与两位老人生活在一起。2012 年，两位老人因年老体弱，相继去世，遗留下 6 间房产。在处理老人的遗产时，李甲要求以丧偶儿媳的身份作为第一顺序继承人继承遗产，林乙的两个妹妹对此不予认同，双方发生争执。

【训练任务】1. 完成案件焦点梳理的训练。

2. 掌握转继承的基本规定。

【训练程序】1. 教师布置训练任务。

2. 学生分组分析、研究案例，形成分析意见。

3. 小组发表意见。

4. 教师总结、点评。

【训练提示】1. 林乙父母去世后，哪些人是他们的法定继承人？

2. 林丙、林丁有没有继承权？

3. 李甲有没有继承权？

4. 房屋最终应当如何分配？

5. 适用《继承法》第 10 条、第 11 条、第 12 条、第 13 条、第 15 条，《最高人民法院关于贯彻执行〈中华人民共和国继承法〉若干问题的意见》第 25 条、第 29 条、第 30 条等法律规定分析该案。

讨论案例

法定继承综合案例

李甲早年丧妻，一个人靠打渔为生，盖起三层楼房 1 幢，共 24 间房。其小女儿李乙虽然出嫁多年，但与父亲常有来往。长子李丙，用自己经商收入建房 5 间，自成家庭。李丙前妻早丧，遗子李丁，李丁 18 岁参军后，李丙又娶妻任某，生子李戊。李丁复员后与妻子何某共同购买一套单元房，生有一女李己。李甲的次子李庚已病故，妻子王某带儿子李辛另嫁。2014 年初，李甲、李丙、李丁 3 人出海打渔遭遇台风，船毁人亡，被人救起时 3 人已全部死亡。丧事处理完以后，死者亲属为遗产分割发生纠纷。李乙认为，父亲和两位哥哥都已经死亡，她作为李甲唯一在世的子女，李甲 3 层楼房理应全部由其继承。任某认为，李乙是出嫁女，不能回娘家分家产，她作为李丁的妻子、李甲的儿媳，房屋应由她和李戊继承。另外她还认为，李丁也算是自己的儿子，所以对李丁的遗产有权继承。何某认为，自己肚子里怀有李丁的第二个孩子，她和李己及肚子里的孩子不仅有权继承李丁的遗产，也有权分割李甲的遗产。王某认为，自己虽然改嫁，但并未与公公断绝关系，逢年过节也带上李辛去看望公公，所以，自己与李辛也有继承遗产的权利。

【讨论问题】详细分析本案中所涉及的当事人的继承权问题。其分别应当继承的份额有多少？

【讨论提示】适用《继承法》第 2 条、第 3 条、第 7 条、第 10 条、第 11 条、第 12 条、第 13 条、第 26 条，《最高人民法院关于贯彻执行〈中华人民共和国继承法〉若干问题的意见》第 2 条、第 25 条、第 29 条、第 45 条等法律规定分析该案。

二、遗嘱继承纠纷

知识储备

继承从被继承人死亡时开始，遗产是公民死亡时遗留的一切个人合法财产。继承开始后，按照法定继承办理；有遗嘱的，按照遗嘱继承或者遗赠办理；有遗赠扶养协议的，按照协议办理。《继承法》第 16 条规定："公民可以依照本法规定立遗嘱处分个人财产，并可以指定遗嘱执行人。公民可以立遗嘱将个人财产指定由法定继承人的一人或者数人继承。公民可以立遗嘱将个人财产赠给国家、集体或者法定继承人以外的人。"

在司法实践中，处理遗嘱继承纠纷应注意以下几个问题：

1. 遗嘱继承是与法定继承相对应的，是指按照立遗嘱人生前所留下的符合法律规定的遗嘱内容要求，将遗产的全部或部分指定由法定继承人中的一人或数人继承。立遗嘱的人叫遗嘱人。根据遗嘱规定有权继承被继承人遗产的法定继承人叫遗嘱继承人。在遗嘱继承中，遗产的继承直接体现被继承人的遗愿，被继承人生前立有合法有效的遗嘱和立遗嘱人死亡是遗嘱继承的事实构成。遗嘱继承人和法定继承人的范围相同，但遗嘱继承不受法定继承顺序和应继份额的限制，而且遗嘱继承的效力优于法定继承的效力。

2. 根据我国《继承法》第 17 条的规定，遗嘱有以下五种方式：

（1）公证遗嘱。公证遗嘱由遗嘱人经公证机关办理。办理遗嘱公证需要立遗嘱人亲自到其户籍所在地的公证机关申请，不能委托他人办理。如果遗嘱人因病或其他特殊原因不能亲自到公证机关办理遗嘱公证，可要求公证机关派公证员前往遗嘱人所在地办理。公证遗嘱与其他遗嘱方式相比，条件最为严格，更能确保遗嘱意思表示的真实性，因而效力最高。

（2）自书遗嘱。自书遗嘱必须由立遗嘱人全文亲笔书写、签名，注明制作的年、月、日。自书遗嘱不需要见证人在场见证即具有法律效力。

（3）代书遗嘱。代书遗嘱是指遗嘱人因故不能书写而委托他人代为书写的遗嘱。我国《继承法》第 17 条第 3 款规定："代书遗嘱应当有两个以上见证人在场见证，由其中一人代书，注明年、月、日，并由代书人、其他见证人和遗嘱人签名。"遗嘱人不会书写自己名字的，可摁手印代替签名。打印出来的遗嘱，也应属于代书遗嘱。

（4）录音遗嘱。录音遗嘱是指遗嘱人用录音的方式制作的自己口述的遗嘱。为防止录音遗嘱被人篡改或录制假遗嘱，《继承法》第 17 条第 4 款明确规定："以录音形式设立的遗嘱，应当有两个以上的见证人在场见证。"见证可以采取书面或录音的形式，录音遗嘱制作完毕后，应当场将录音遗嘱封存，并由见证人签名，注明年、月、日。

（5）口头遗嘱。我国《继承法》第 17 条第 5 款规定："遗嘱人在危急情况下，可以立口头遗嘱。口头遗嘱应当有两个以上见证人在场见证。危急情况解除后，遗嘱人能够用书面或者录音形式立遗嘱的，所立的口头遗嘱无效。"由于口头遗嘱易于被篡改、伪造，以及在遗嘱人死后无法查证，所以《继承法》对口头遗嘱作了严格的限定。

3. 为保证遗嘱的真实性，《继承法》第17条规定，代书遗嘱、录音遗嘱、口头遗嘱都须有两个以上的见证人在场见证。由于遗嘱见证人的证明直接关系到遗嘱的效力和遗产的处置，因此继承法对遗嘱见证人的资格作了规定，即下列三类人员不能作为遗嘱见证人：①无行为能力人或限制行为能力人；②继承人、受遗赠人；③与继承人、受遗赠人有利害关系的人。利害关系人是指和继承人、受遗赠人具有某种法律关系，且基于此种法律关系，继承人、受遗赠人受有利益时其也会随之受有利益。例如，丈夫和妻子之间基于夫妻关系，丈夫取得财产时妻子也受有相应的利益。而继承人、受遗赠人的债权人、债务人、共同经营的合伙人，也应当被视为与继承人、受遗赠人有利害关系的人，而不能作为遗嘱的见证人。

4. 立遗嘱人在设立遗嘱以后，可以依法变更遗嘱的内容，也可以撤销遗嘱的全部内容。根据有关法律及最高人民法院的司法解释，撤销或变更遗嘱有以下几种方法：

（1）遗嘱人另立遗嘱并在新的遗嘱中声明撤销或变更原来所立的遗嘱。

（2）遗嘱人直接将所立的遗嘱销毁或在所立的遗嘱上进行变更。

（3）遗嘱人可以通过自己与遗嘱内容相抵触的行为，变更、撤销原来所立的遗嘱。

（4）遗嘱人前后立了几个遗嘱，如果前后遗嘱的内容矛盾，则应当以后面所立遗嘱为准，前面所立的遗嘱视为被撤销或被变更，但前后遗嘱中不相抵触的部分继续有效。此外，遗嘱人以不同形式立有数份内容相抵触的遗嘱，其中有公证遗嘱的，以公证遗嘱为准。

5. 遗赠是自然人通过设立遗嘱把遗产的全部或一部分无偿赠给国家、社会组织或法定继承人以外的自然人，并在其死后生效的单方民事法律行为。其中设立遗嘱的自然人称为遗赠人；被遗赠人指定接受遗产的人称为受遗赠人。遗赠作为民事法律行为，不仅要符合法律行为的一般要件，还要符合继承法的特别规定。一个有效的遗赠须具备以下条件：

（1）遗赠人在立遗嘱时，须有完全行为能力。

（2）遗赠须意思表示真实、自愿合法，遗赠人须对财产享有处分权，遗赠应当对缺乏劳动能力又没有生活来源的继承人保留必要的遗产份额。

（3）受遗赠人须在遗嘱生效时存在，未死亡。

（4）受遗赠人必须是法定继承人以外的自然人、国家或其他社会组织。

（5）遗赠须由受遗赠人亲自受领，并明确表示接受时才发生遗赠的法律效力。

（6）受遗赠人无权参与遗产分配，仅能从继承人或遗嘱执行人处取得受遗赠的财产。

6. 遗赠扶养协议是遗赠人和扶养人之间订立的关于扶养人承担遗赠人生养死葬的义务，遗赠人的财产在其死后转归扶养人所有的协议。遗赠扶养协议当事人之间是一种平等、有偿、互为权利义务关系的民事法律关系。

遗赠扶养协议是双方的民事法律行为，只有在遗赠方和扶养方自愿协商一致的基础上才能成立。凡不违反国家法律规定、不损害公共利益、不违反社会主义道德准则的遗赠扶养协议都具有法律约束力，双方均必须遵守并切实履行。任何一方都不能随意变更或解除。如果一方变更或解除，必须取得另一方的同意。遗赠扶养协议的法律效力高于法定继承和遗嘱继承。我国《继承法》第5条规定："继承开始后，按照法定继承办理；有遗嘱的，按照遗嘱继承或者遗赠办理；有遗赠扶养协议的，按照协议办理。"在财产继承中如果各种继承方式并存的，应首先执行遗赠扶养协议，其次是遗嘱和遗赠，最后才是法定继承。《最高人民法院关于贯彻执行〈中华人民共和国继承法〉若干问题的意见》第5条同时又规定，被继承人生前与他人订有遗赠扶养协议，同时又立有遗嘱的，继承开始后，如果遗赠扶养协议与遗嘱有抵触，按协议处理，与协议抵触的遗嘱全部或部分无效。

7. 根据我国《继承法》的规定，遗赠扶养协议可分为以下两类：

（1）公民之间的遗赠扶养协议。《继承法》第31条第1款规定："公民可以与扶养人签订遗赠扶养协议。按照协议，扶养人承担该公民生养死葬的义务，享有受遗赠的权利。"

（2）公民与集体所有制组织之间的遗赠扶养协议。《继承法》第31条第2款规定："公民可以与集体所有制组织签订遗赠扶养协议。按照协议，集体所有制组织承担该公民生养死葬的义务，享有受遗赠的权利。"这里的遗赠人一般是缺乏劳动能力又缺乏生活来源的鳏寡孤独的"五保户"老人，他们享有受其所在集体所有制组织扶养的权利。集体所有制组织，一般是指对"五保户"承担生养死葬的义务，享有接受"五保户"遗赠财产的权利的组织。

8. 在签订遗赠扶养协议时，应注意以下几点：

（1）扶养主体必须是法定继承人以外的公民或集体组织。

（2）应明确具体写出遗赠扶养双方各自的权利义务内容。

第一，扶养人承担该公民生养死葬的义务，享有受遗赠的权利；遗赠人应将个人所有的合法财产赠送给扶养人。

第二，扶养人或集体组织无正当理由不履行义务，导致协议解除的，不能享有受遗赠的权利，其支付的供养费用一般不予补偿；遗赠人无正当理由不履行义务，导致协议解除的，则应偿还扶养人或集体组织已支付的供养费用。

（3）遗赠内容应写明遗赠财产的名称、数量、处所，并提供有效的证明文件。

（4）扶养内容应写明提供扶养的具体内容、办法和期限。

咨询应注意的事项及基本的服务流程：

1. 耐心听取咨询者的叙述，听取陈述后，仍对事实不清楚的，要向当事人提出问题。

2. 认真审核遗嘱形式的合法性。

3. 认真审核遗嘱内容的合法性。

4. 结合案情及相关的法律规定，对咨询者进行详细解答。

5. 对于咨询者提出的请求，给予恰当合理的建议。

训练任务

主要训练学生对遗嘱继承法律关系的准确认定，把握五种遗嘱的相关法律规定，给咨询者提供全面、恰当的法律帮助，使咨询者的合法继承权受到法律保护。

示范案例

郭某遗嘱继承纠纷案

郭某生病住院后，立下书面遗嘱，将自己全部遗产3间房屋和10万元存款给长子郭甲继承。但在生命垂危、抢救之际，郭某看到郭甲似乎在偷笑，好像巴不得自己赶快死去。待郭某被抢救过来生命平稳后，便宣布把自己的全部遗产给次子郭乙继承。当时在场人员有护士小王、郭甲、郭乙及郭某的女儿郭丙。郭甲因此怀恨在心，于是，在郭乙水杯中下毒，但误把白糖当作砒霜，所以并没有导致郭乙死亡。而郭某的女儿郭丙患有严重的精神病，无业在家。郭某很讨厌郭丙，故未考虑过给她遗产。

【律师建议】1. 本案有两份遗嘱，一份口头遗嘱，一份书面遗嘱。书面遗嘱有效，而口头遗嘱无效。因为口头遗嘱不符合两个或者两个以上见证人在场见证的条件，《继承法》第17条第5款规定，遗嘱人在危急情况下，可以立口头遗嘱。口头遗嘱应当有两个以上见证人在场见证。危急情况解除后，遗嘱人能够用书面或者录音形式立遗嘱的，所立的口头遗嘱无效。《继承法》第18条规定，下列人员不能成为遗嘱见证人：①无行为能力人、限制行为能力人；②继承人、受遗赠人；③与继承人、受遗赠人有利害关系的人。所以郭甲、郭乙及郭某的女儿郭丙都不能成为遗嘱见证人，只有护士小王可以成为遗嘱见证人。但这是不够的，不符合有两个以上见证人在场见证这一法律规定，所以这份口头遗嘱是无效的，只能以书面遗嘱为准。

2. 我国《继承法》第19条规定，遗嘱应当对缺乏劳动能力而又没有生活来源的继承人保留必要的遗产份额。这一规定属于强制性规定，遗嘱剥夺了既缺乏劳动能力又没有生活来源的继承人的继承权的，该遗嘱无效。遗产处理时，应当为该继承人留下必要的遗产，剩余的部分才能参照遗嘱确定的分配原则处理。本案中，由于书面遗嘱没有给患有严重精神病的郭丙留有必要的遗产份额，而郭丙属于缺乏劳动能力且没有生活来源的继承人，因此应当为其保留必要的遗产份额。所以该书面遗嘱只能是部分有效。

3. 郭甲为争夺遗产，在郭乙水杯中下毒，但误把白糖当作砒霜。虽然没有导致郭乙死亡，但他为了争夺遗产，有杀害郭乙的主观故意，而且已付诸行动。郭甲的行为属于为争夺遗产而故意杀害其他继承人的情形，根据我国《继承法》第7条第2项的规定，继承人为争夺遗产故意杀害其他继承人的，丧失继承权。

4. 郭甲丧失继承权后，郭某的遗产不能按照遗嘱继承，此时应当依照法定继承办理，由郭乙、郭丙继承郭某的遗产。

训练案例

【案例一】 　　　　　　　　　　索某遗嘱的效力认定

索某是某大学教授，早年丧妻，有一子一女，均已结婚，并都与索某住在一起。但儿子、儿媳总吵着要分家另过，索某无奈，只好给了儿子10万块钱，让他们分了出去。此后索某生活一直由女儿照顾。在女儿、女婿出国进修期间，索某突然心脏病发作住院，但其儿子、儿媳却不管不问，索某全由邻居肖某一家照顾。索某在病危期间，请来了两名医生作证，立下口头遗嘱：自己死亡后，将其存款的50万元赠给学校作奖学金；赠给邻居肖某10万元，自己的住房及房子里面的所有物品留给女儿，没有给儿子留下遗产，并委托学校代为执行。索某去世后，学校按其遗嘱处理遗产时，索某的儿子表示坚决反对，说他是法定继承人，遗产应由他和妹妹平分，不能给学校和肖某。

【训练任务】1. 提供书面咨询意见。

2. 掌握遗嘱继承的法律规定运用。

【训练程序】1. 教师布置训练任务。

2. 学生提交意见书。

3. 教师总结、点评。

【训练提示】1. 索某的女儿取得遗产的依据是什么？

2. 肖某取得遗产的依据是什么？

3. 索某的遗嘱是否有效？

4. 当法定继承和遗嘱继承同时存在时，分析二者的效力。

5. 索某的儿子能否以法定继承人的身份继承索某的遗产？

6. 适用《继承法》第 5 条、第 7 条、第 16 条、第 17 条、第 18 条，《最高人民法院关于贯彻执行〈中华人民共和国继承法〉若干问题的意见》第 35 条、第 36 条、第 41 条等法律规定分析该案。

【案例二】　　　　　　自相矛盾的遗嘱纠纷案

周甲，男，某公司经理。周乙，男，某村小学教师。周某系河南省某村农民，家有房产数间，老伴早亡。他们生有二子周甲和周乙。1996 年和 1998 年周甲、周乙相继结婚。周甲无工作，在家务农，而周乙在村小学任教，经济状况较其兄要好，并收入稳定。2000 年，周某考虑到这一情况，立下遗嘱："我死后，房产归周甲继承。"并到公证处办理了公证。此后，周甲进城开办了贸易公司，生意越做越红火，收入颇丰，相比之下，仍当小学教师的周乙显得寒酸多了。根据变化了的这一情况，2010 年，周某又亲笔写下遗嘱："我死后，房产归周乙继承。"写后将遗嘱交给了周乙。2012 年，周某去世，周甲、周乙因房产继承发生了争执，二人各持一份遗嘱，周甲说他这份遗嘱是公证遗嘱，应当有效；周乙说他这份遗嘱是最后所立遗嘱，应当有效。二人各有各的理，争执不下。

【训练任务】1. 提供书面咨询意见。

2. 掌握遗嘱继承的法律规定运用。

【训练程序】1. 教师布置训练任务。

2. 学生提交意见书。

3. 教师总结、点评。

【训练提示】1. 正确把握遗嘱的几种形式及相关的法律规定。

2. 如何判断不同类型遗嘱的法律效力？

3. 适用《继承法》第5条、第16条、第17条、第20条,《最高人民法院关于贯彻执行〈中华人民共和国继承法〉若干问题的意见》第42条等法律规定分析该案。

【案例三】   遗赠扶养协议案例

魏甲老人无儿无女,老伴早年去世,老人的兄弟姐妹也先于魏甲老人去世,只有一个侄子魏乙,也从不来往。王某是魏甲的邻居,平时对老人就很关照,魏甲为了晚年有人照顾,希望与王某订立遗赠扶养协议。2010年2月,双方找人起草了一份协议,该协议约定:魏甲由王某赡养,待魏甲百年之后由王某取得魏甲所有的一套面积为86平方米的房屋及房屋内的一切物品。至于魏甲的其他财产,没有作出处理。随后王某尽心尽力地照顾了魏甲的日常生活,3年后,魏甲老人因病医治无效去世。老人的侄子魏乙得知老人去世的消息后要求继承老人的房产,王某与魏乙发生争议。

【训练任务】 1. 完成遗赠扶养协议的拟定。

2. 学会运用遗赠扶养相关法律规定。

【训练程序】 1. 教师布置训练任务:在接受咨询时,完成简单的法律咨询任务。

2. 另设情形,学生模拟拟定遗赠扶养协议。

3. 教师总结、点评。

【训练提示】 1. 魏甲与王某签订的遗赠扶养协议是否合法有效?

2. 魏乙属不属于魏甲的继承人?

3. 对于魏甲遗赠扶养协议以外的财产,魏乙是否享有继承权?

4. 魏甲的遗产应由谁取得?

5. 适用《继承法》第5条、第16条、第21条、第31条、第32条,《最高人民法院关于贯彻执行〈中华人民共和国继承法〉若干问题的意见》第43条、第56条等法律规定分析该案。

讨论案例

张教授的遗产继承纠纷案

张教授与妻子生有一女儿张某,在张某20岁的时候,妻子去世,张教授与妻子有一幢别墅,家里收藏了若干名人字画。张某22岁大学毕业后,参加了工作,结婚成家另过,平常有时间就去看望父亲。张教授在女儿结婚后，经人介绍，与刘某再婚。刘某带一8岁儿子刘甲与张教授生活在一起。张教授与刘某一同将刘甲抚养长大，成家立业。在这期间，张教授又购买了一套楼房，产权证上的名字是张教授，在刘甲结婚时，这套楼房由刘甲居住。2010年，刘某因病去世，刘甲在其母亲去世后，就开始疏远张教授，在张教授生病住院期间，不仅不照顾，而且还向张教授提出要把自己住的这套楼房过户到他的名下，遭到拒绝后，就不再与张教授有任何来往，张教授的生活全由其女儿张某照顾。张教授有一个多年好友李某，在张教授生病期间，经常去看望他，并协助张某照顾张教授。张教授深受感动，就把自己收藏的名人字画赠与了李某。

张教授出院后，亲笔写了一份遗嘱，写明自己的一幢别墅、一套楼房及收藏的名人字画，全部由自己的女儿继承。刘甲得知后，非常生气，就趁张教授一个人在家时，跑到张教授家里，逼张教授修改遗嘱，在没得到想要的结果时，就想杀害张教授。正好李某来看望张教授，才没造成恶劣的后果。

不久，张教授去世，在分割遗产时，一个名叫张某的人出现了，他自称是张教授的私生子，并提出了一系列证据加以证明。原来是张教授年轻时，与一位同事相爱，导致同事怀孕，为了不影响张教授的家庭和前途，这位同事选择出国，在国外生下了张教授的儿子。现张某得知自己父亲去世后，认为自己作为父亲的儿子，有权继承父亲的遗产。

而刘甲在此时，也拿出一份公证遗嘱，遗嘱写明一套楼房归刘甲所有，别墅由刘甲与张某共同所有，字画归张某所有。

张教授在购买楼房时，曾向其妹妹借款，至今还有20万没有还清。

现在，本案涉及的当事人为遗产的继承发生纠纷。

【讨论问题】1. 谁是张教授的法定继承人？

2. 张教授的两份遗嘱中哪一份具有法律效力？

3. 字画应当归谁所有？

4. 张教授妹妹的借款如何归还？

5. 张教授遗产最终如何分割？

【讨论提示】适用《继承法》第5条、第7条、第16条、第17条、第20条、第27条、第33条，《最高人民法院关于贯彻执行〈中华人民共和国继承法〉若干问题的意见》第6条、第12条、第38条、第39条、第42条、第62条等法律规定分析该案。

训练单元三 劳动法律咨询

我国《劳动法》、《劳动合同法》以及《工伤保险条例》等法律法规的相继出台，不仅保护了劳动者的合法权益，也维护了企业的合法权利。这些法律法规是确定企业与劳动者之间权利义务的准则，企业依法对员工进行管理，依法维护员工的合法权益，同样也会增强员工队伍的凝聚力，减少优秀员工的流失和其他风险。从事企业法务工作，必须熟悉这些法律法规；作为法律工作者，接受劳动法律咨询也是最常见的工作之一。

一、劳动合同

知识储备

劳动合同是劳动者和用人单位确立劳动关系，明确双方权利和义务关系的协议，是确立劳动关系的法律形式和法律凭证。《劳动合同法》鼓励签订书面劳动合同，但是《劳动合同法》为了保护劳动者的合法权益，对未签订劳动合同而事实上形成了劳动关系的情形仍然予以确认。

（一）劳动合同的签订、效力

1. 劳动合同的签订。签订劳动合同要注意以下要素：①劳动合同的主体由特定的用人单位和劳动者双方构成。劳动合同当事人一方是企业、事业单位、社会团体等用人单位，另一方是劳动者本人。②签订劳动合同的双方当事人必须具备合同要求的主体资格。用人单位必须具有合法主体资格；劳动者一方必须具备劳动行为能力，享有劳动权利能力。劳动者必须年满16周岁，且身体健康。③国有企业招聘职工，一般应当向当地劳动部门办理录用职工手续。

2. 劳动合同的效力。劳动合同依法成立，就具有法律效力，即在双方当事人之间形成劳动法律关系，对双方当事人产生法律约束力。劳动合同的法律约束力主要表现在以下几个方面：①劳动合同一经依法订立，用人单位与劳动者之间的劳动关系就得以确立，即产生了法律意义上的劳动权利义务关系。一方当事人不履行劳动合同，就要承担法律责任。②当事人必须严格履行劳动合同规定的义务，一方当事人也有权要求对方当事人全面履行劳动合同所确定的义务。一方违反合同，不履行义务，对方有权要求赔偿由此而造成的经济损失。③未经协商，当事人不得任意变更、增减合同内容或终止合同，否则视为违反劳动合同，应当承担相应的法律责任。④用人单位法定代表人的更换，不影响劳动合同的法律约束力。

3. 事实劳动关系。事实劳动关系是指无书面合同或无有效书面合同而形成的劳动关系以及通过口头协议达成的劳动关系。事实劳动关系的确认需要存在雇佣劳动的事实。事实劳动关系的合法地位，说明了劳动关系不完全依赖于书面合同的存在而存在，这扩大了劳动保护范围，对不签订劳动合同的企业有了更大的约束，维护了更多的劳动者的合法权益。

事实劳动关系与合同劳动关系相比，只是欠缺了有效的书面合同这一形式要件，但并不影响劳动关系的成立。立法认定用人单位故意拖延不订立劳动合同但形成事实劳动关系的，劳动者依然享有劳动法律所规定的一切权利，用人单位应履行劳动法律所规定的一切义务。存在事实劳动关系的劳动者在劳动保障权益受到用人单位侵害时，同签订劳动合同的劳动者一样，可以通过劳动保障监察、劳动争议仲裁、向人民法院起诉等途径，依法维护自身的合法权益。

（二）劳动合同的种类

劳动合同法规定用人单位与劳动者可以订立固定期限劳动合同、无固定期限劳动合同、以完成一定工作任务为期限的劳动合同。

1. 固定期限劳动合同。固定期限劳动合同，是指用人单位与劳动者约定合同终止时间的劳动合同。具体是指劳动合同双方当事人在劳动合同中明确规定了合同效力起始和终止的时间。劳动合同期限届满，劳动关系即告终止。如果双方协商一致，还可以续订劳动合同，延长期限。

固定期限劳动合同是目前用人单位与劳动者订立劳动合同的主要类型，因为固定期限劳动合同有很强的灵活性，可以是较短时间的如半年、1 年、2 年；也可以是较长时间的，如 3 年、5 年甚至更长时间。不管时间长短，劳动合同的起始和终止日期都是固定的。固定期限劳动合同适用范围广，应变能力强，既能保持劳动关系的相对稳定，又能促进劳动力的合理流动，使资源配置合理化、效益化，是实践中运用较多的一种劳动合同。对于那些常年性工作，要求保持连续性、稳定性的工作，技术性强的工作，适宜签订较长期限的固定期限劳动合同。对于一般性、季节性、临时性、用工灵活、职业危害较大的工作岗位，适宜签订较短期限的固定期限劳动合同。

2. 无固定期限劳动合同。无固定期限劳动合同，是指用人单位与劳动者约定无确定终止时间的劳动合同。这里所说的无确定终止时间，是指劳动合同没有一个确切的终止时间，劳动合同的期限长短不能确定，但并不是没有终止时间。只要没有出现法律规定的条件或者双方约定的条件，双方当事人就要继续履行劳动合同规定的义务。一旦出现了法律规定的情形，无固定期限劳动合同也同样能够解除。

根据《劳动合同法》第 14 条第 2 款的规定，在出现法定情形时，劳动者主动提出续订劳动合同或者用人单位提出续订劳动合同且劳动者同意的情况下，就应当订立无固定期限劳动合同。这种续订劳动合同意愿的主动权掌握在劳动者手中，无论用人单位是否同意续订劳动合同，只要劳动者提出，用人单位就必须同意续订，而且是订立无固定期限劳动合同。如果用人单位提出续订劳动合同，劳动者有权不同意。劳动者同意的，应当订立无固定期限劳动合同。其具体情形如下：

（1）劳动者在该用人单位连续工作满 10 年的。签订无固定期限劳动合同的劳动者在同一单位连续工作了 10 年以上，是该情形的最基本内容，即劳动者与同一用人单位签订的劳动合同的期限不间断达 10 年。如有的劳动者在用人单位工作 5 年后，离职到别的单位去工作了 2 年，然后又回到了这个用人单位工作 5 年。虽然累计时间达到了 10 年，但是劳动合同的期限有所间断，不符合在"该用人单位连续工作满 10 年"的条件。劳动者工作时间不足 10 年的，即使提出订立无固定期限劳动合同，用人单位也有权不接受。法律作这样的规定，主要是为了维持劳动关系的稳定。如果一个劳动者在该用人单位工作了 10 年，就说明他已经胜任这份工作，而用人单位的这个工作岗位也确实需要保持人员的相对稳定。

（2）用人单位初次实行劳动合同制度或者国有企业改制重新订立劳动合同时，劳动者在该用人单位连续工作满 10 年且距法定退休年龄不足 10 年的。

（3）连续订立两次固定期限劳动合同，且劳动者没有《劳动合同法》第 39 条和第 40 条第 1 项、第 2 项规定的情形，续订劳动合同的。根据该项规定，在劳动者没有《劳动合同法》第 39 条及第 41 条第 1 项、第 2 项规定的用人单位可以解除劳动合同的情形下，如果用人单位与劳动者签订过了一次固定期限劳动合同，在签订第二次固定期限劳动合同时，就意味着下一次必须签订无固定期限劳动合同。所以在第一次劳动合同期满，用人单位与劳动者准备订立第二次固定期限劳动合同时，应当慎重考虑。

用人单位自用工之日起满 1 年不与劳动者订立书面劳动合同的，视为用人单位与劳动者已订立无固定期限劳动合同。

3. 以完成一定工作任务为期限的劳动合同，是指用人单位与劳动者约定以某项工作的完成为合同期限的劳动合同。用人单位与劳动者协商一致，可以订立以完成一定工作任务为期限的劳动合同。

训练任务

通过对几种常见劳动合同关系的咨询工作流程的一系列训练，培养学生劳动法律咨询接待的技巧；培养学生分析劳动法律关系的能力；培养学生查找劳动法律法规的技能，并能熟练运用相关法律规范，为咨询者提供相应的法律意见。

劳动法律关系的分析、咨询

劳动法律关系是指劳动者与用人单位依法确立劳动关系，从而产生相互之间的权利和义务。《劳动合同法》鼓励签订书面劳动合同，但是劳动合同法为了保护劳动者的合法权益，对未签订劳动合同而事实上形成了劳动关系的情形仍然予以确认。分析劳动者与用人单位是否存在劳动关系，首先要查看劳动者有无证据证明其与用人单位存在劳动关系，而不是劳动者与用人单位是否签订劳动合同。其次要分析劳动合同是否有效，即分析签订劳动合同的主体是否合法、劳动合同的内容是否合法。

训练案例

薛某某劳动纠纷案

薛某某，男，56 岁，经人介绍于 2011 年 11 月到某建筑工地做看门人工作。当时薛某某与建筑公司该工地负责人许某口头约定每月工资为 600 元，可以在门房居住。2013 年 12 月 23 日早晨 7 点薛某某夫妇被人发现因取暖用的蜂窝煤炉处置不当而中毒身亡。薛某某子女与某建筑公司发生纠纷。

【训练任务】通过模拟接待薛某某子女咨询的情境训练，重点掌握劳动关系确认的证据链；并在劳动关系确认后，掌握薛某某子女的权利、某建筑公司的责任分析。

【训练程序】表演的学生分为三组：一组扮演薛某某子女，一组扮演法律工作者，一组扮演建筑公司工作人员。训练情境如下：

1. 薛某某子女前来咨询。

2. 法律工作者及薛某某子女前往某建筑公司与其工作人员交涉纠纷处理。

3. 表演结束后其余学生依次给予点评，教师最后总结点评。

【训练提示】1. 若某建筑公司否认与薛某某存在劳动关系，应当从哪些方面收集可以证明薛某某与某建筑公司存在劳动关系的证据？

2. 薛某某与其妻死亡事故是否属于工伤？学生应当查找关于工伤的有关规定。

3. 该案中薛某某子女有哪些法律救济途径？

讨论案例

余某不签合同案

余某是一家公司新聘的员工，其上班后公司多次要求按照招聘时所达成的口头协议，与公司签订正式书面劳动合同，但余某以各种借口拖延。余某认为，只要超过 1 个月不签书面劳动合同，不论出于什么原因，公司都得支付双倍工资。

【讨论问题】余某的要求是否合法？

【讨论提示】1.《劳动合同法》规定，用人单位自用工之日起超过 1 个月不满 1 年未与劳动者订立书面劳动合同的，应当向劳动者每月支付两倍的工资。但是，这一条文的立法本意在于进一步规范用人单位的行为，充分保护劳动者的合法权益，督促用人单位尽快与劳动者签订劳动合同。

2. 适用"二倍工资"制度必须满足两个条件：一是用工之日起超过 1 个月未签订书面劳动合同；二是没有签订书面劳动合同的过错在用人单位。而本案中，用人单位多次通知余某签订书面劳动合同，而余某却借故不签合同，未签劳动合同是由于余某的故意行为导致，所以，余某的要求是没有法律依据的。

训练案例

【案例一】　　　　退休续用，劳动关系还存在吗？

卢某生于 1947 年 8 月 5 日，于 2007 年 6 月到某公司从事仓管工作。2012 年 8 月，公司以卢某年龄偏大不适合再做仓管工作为由将其辞退，并多支付了卢某一个月的工资 1500 元作为补偿。卢某认为，自己在公司干了 5 年零 2 个月，现在被公司辞退后只给 1500 元的补偿太少，于是要求公司向其支付 8250 元的经济补偿，公司没有满足卢某的要求，卢某遂申请劳动仲裁。开庭审理时，公司答辩称：卢某现已 65 岁，已超过法定退休年龄，不属于劳动仲裁的受理范畴，不受劳动法和劳动合同法的调整，仲裁委应驳回卢某的仲裁请求。那么，65 岁的老人能否被雇佣？卢某与公司的关系是劳动法律关系吗？

【训练程序】1. 教师介绍现场咨询模拟训练的场景。

2. 指定 4 名学生模拟现场咨询情境。

3. 其余学生点评学生接待当事人的礼仪、法律咨询时存在的问题。

4. 教师总结、点评。

【训练任务】1. 通过训练使得学生明确劳动法律关系的范畴。

2. 学会查找相关规定。

3. 通过本案例总结企业用人的得失。

4. 训练学生接待当事人。

【训练提示】1. 查找《劳动合同法》、《劳动合同法实施条例》、《最高人民法院关于审理劳动争议案件适用法律若干问题的解释》等与本案有关的规定。

2. 界定已达退休年龄人员与用人单位的法律关系。

3. 如果咨询者是企业等用人单位，将总结的企业用人的得失告知企业。

4. 法律对劳动关系的年龄下限有明确规定（16 周岁），但对劳动关系构成年龄的上限并没有明确规定。

5. 已享受养老保险待遇或领取退休金的人员与用人单位的关系为劳务关系；超过退休年龄但未享受养老保险待遇或领取退休金的人员，与用人单位之间的关系为劳动关系。

【案例二】　　　　　劳动合同部分条款无效案

张某，女，于 2012 年 1 月 9 日被一家酒店招聘从事前台接待工作。张某每月工资收入为 3500 元，双方签订一份为期两年的书面劳动合同，合同期限为 2012 年 1 月 9 日~2014 年 1 月 8 日。但该酒店在合同中特别注明一款："考虑到酒店作为服务行业本身的特殊要求，凡在本酒店工作的女性服务员，劳动合同期内不得结婚。否则本酒店有权解除劳动合同，给予辞退。"2013 年年初，张某的男友所在公司筹建家属楼，为能分到住房，张某便与男友结婚，不久便怀孕了。该酒店知情后以张某违反劳动合同约定为由作出与张某解除劳动合同的决定，并没收了张某交纳的 1000 元抵押金。为此，张某与该酒店发生劳动合同纠纷。试分析酒店劳动合同中哪些条款无效？

【训练任务】通过训练，使得学生明确为了保护劳动者的权益（特别是妇女的权利），即使劳动合同部分条款无效，劳动合同仍然受到保护。

【训练提示】1. 劳动合同部分条款无效不会必然导致合同无效。

2. 用人单位在女职工怀孕期间能否单方解除劳动合同？

3. 用人单位向劳动者单方收取押金违反法律规定吗？

讨论案例

无固定期限合同案例

杨某 1998 年入职艾莉诺公司，负责销售等工作。双方于 2007 年 7 月签订为期 2 年的固定期限劳动合同，合同终止期限为 2009 年 6 月 30 日。至 2009 年 6 月份，因公司经营业绩下滑、管理层人事变动，公司辞退了职工数人。此后，被告考虑到原告工作年限长达 12 年，如果按实际情况签订劳动合同将导致无固定期限劳动合同的法定情形成立，因此，2009 年 7 月 20 日，被告单方面发出终止劳动关系通知书，并在同一时间双方签订了 1 个月固定期限（期限自 2009 年 7 月 1 日~7 月 31 日）的劳动合同。2009 年 7 月 31 日，双方劳动关系结束。双方就支付经济补偿金的数额发生争议，杨某诉至法院，要求公司支付解除劳动合同（1998 年 5 月~2009 年 7 月期间）的经济补偿金。

艾莉诺辩称：杨某在公司入职时间约为 2000 年 10 月份，双方劳动关系年限没有达到 10 年以上。公司已按法律要求提前 1 个月通知其终止劳动合同，并送达了终止劳动合同通知书。因为公司与杨某有后期的交接工作手续要办理，所以才与其签订了 1 个月固定期限劳动合同。双方劳动关系终止后，公司已按法律规定支付其两个月的经济补偿金，请求驳回杨某的诉讼请求。

【讨论问题】通过讨论，进一步明确劳动合同的种类，以及不同种类合同对企业或者劳动者的利弊。

【讨论提示】全班学生分为两组，一组代表企业，另一组代表劳动者展开讨论，讨论的主题是该案涉及的劳动合同是固定期限还是无固定期限的劳动合同？每一组最后由一名代表总结不同种类合同对企业或者劳动者的利弊。

训练案例

19 年的临时工

2012 年 2 月，某音乐学院乐器厂农民工党某和李某申请劳动争议仲裁，要求确认乐器厂单方解聘的行为违法，并要求签订无固定期限合同。2012 年 1 月接到辞退通知的党某、李某在乐器厂当了 19 年的油漆工，乐器厂却从来没和他们签过劳动合同，没缴过社会保险。2012 年 5 月，劳动仲裁支持了两位员工的请求。

【训练任务】通过训练，进一步明确无固定期限劳动合同的规定。

【训练程序】1. 教师介绍现场咨询模拟训练的场景。

2. 指定 4 名学生模拟现场咨询情境。

3. 其余学生点评学生接待当事人的礼仪、法律咨询时存在的问题。

4. 教师总结、点评。

【训练提示】1. 明确劳动合同法中关于签订无固定期限劳动合同的范围的规定。

2. 进一步明确劳动者的权利。

二、劳动合同的解除

知识储备

劳动合同订立后，双方当事人应当按照劳动合同约定履行各自的义务。任何一方不得擅自解除合同。但是在发生一些特殊情况时，继续履行劳动合同已经不可能或者没有必要，双方当事人可以依法解除劳动合同。劳动合同的解除，是指劳动合同有效成立之后，履行完毕之前，由于法律规定或者双方当事人的约定，提前终止劳动合同的法律行为。按照我国劳动合同法的规定，解除劳动合同的方式共有三种：双方当事人协商一致解除劳动合同、劳动者单方面解除劳动合同和用人单位单方面解除劳动合同。根据劳动合同法的规定，用人单位单方面解除劳动合同又包括用人单位单方解除劳动合同、用人单位无过失性辞退、经济性裁员等情形。

（一）用人单位单方面解除劳动合同

劳动关系是市场经济条件下最基本、最重要的社会关系，这一关系的协调是构建和谐社会的基础，也是用人单位得以发展、社会得以稳定的重要因素。《劳动合同法》第 39 条规定，劳动者有下列情形之一的，用人单位可以解除劳动合同：①在试用期间被证明不符合录用条件的；②严重违反用人单位的规章制度的；③严重失职，营私舞弊，给用人单位造成重大损害的；④劳动者同时与其他用人单位建立劳动关系，对完成本单位的工作任务造成严重影响，或者经用人单位提出，拒不改正的；⑤因本法第 26 条第 1 款第 1 项规定的情形致使劳动合同无效的；⑥被依法追究刑事责任的。

（二）用人单位无过失性辞退

无过失性辞退是指因劳动者非过失性原因和客观情况的需要而导致劳动合同无法履行时，用人单位提前 1 个月通知劳动者或额外支付劳动者 1 个月工资后，方可单方解除劳动合同的情形。

《劳动合同法》第 40 条规定，有下列情形之一的，用人单位提前 30 日以书面形式通知劳动者本人或者额外支付劳动者 1 个月工资后，可以解除劳动合同：①劳动者患病或者非因工负伤，在规定的医疗期满后不能从事原工作，也不能从事由用人单位另行安排的工作的；②劳动者不能胜任工作，经过培训或者调整工作岗位，仍不能胜任工作的；③劳动合同订立时所依据的客观情况发生重大变化，致使劳动合同无法履行，经用人单位与劳动者协商，未能就变更劳动合同内容达成协议的。

（三）经济性裁员

《劳动合同法》第 41 条第 1 款规定，有下列情形之一，需要裁减人员 20 人以上或者裁减不足 20 人但占企业职工总数 10% 以上的，用人单位提前 30 日向工会或者全体职工说明情况，听取工会或者职工的意见后，裁减人员方案经向劳动行政部门报告，可以裁减人员：①依照企业破产法规定进行重整的；②生产经营发生严重困难的；③企业转产、重大技术革新或者经营方式调整，经变更劳动合同后，仍需裁减人员的；④其他因劳动合同订立时所依据的客观经济情况发生重大变化，致使劳动合同无法履行的。

经济性裁员属于用人单位解除劳动合同的一种情形，必须依法进行。在市场经济中，用人单位直接面对的是市场竞争，为更好地适应市场需求，使用人单位保持一定的活力，用人单位必须在用人方面形成"能上能下"、"能进能出"的体制。为此，《劳动合同法》第 41 条第 1 款规定，在满足一定条件下，用人单位可以单方解除还未到期的固定期限劳动合同以及无固定期限劳动合同。

（四）用人单位不得解除的劳动合同

根据《劳动合同法》第 39 条、第 40 条、第 41 条的规定，出现法定情形时，用人单位可以单方解除劳动合同。但是为了保护一些特定群体劳动者的合法权益，《劳动合同法》第 42 条同时又规定在六种法定情形下，禁止用人单位根据《劳动合同法》第40条、第41条的规定单方解除劳动合同。对用人单位不得解除劳动合同的规定需注意以下两个方面：一是本条禁止的是用人单位单方解除劳动合同，并不禁止劳动者与用人单位协商一致解除劳动合同；二是本条的前提是用人单位不得根据《劳动合同法》第40条、第41条解除劳动合同，即使劳动者具备了本条规定的六种情形之一，用人单位仍可以根据《劳动合同法》第39条的规定解除。

（五）劳动者单方解除劳动合同

《劳动合同法》第38条规定，用人单位有下列情形之一的，劳动者可以解除劳动合同：①未按照劳动合同约定提供劳动保护或者劳动条件的；②未及时足额支付劳动报酬的；③未依法为劳动者缴纳社会保险费的；④用人单位的规章制度违反法律、法规的规定，损害劳动者权益的；⑤因本法第26条第1款规定的情形致使劳动合同无效的；⑥法律、行政法规规定劳动者可以解除劳动合同的其他情形。用人单位以暴力、威胁或者非法限制人身自由的手段强迫劳动者劳动的，或者用人单位违章指挥、强令冒险作业危及劳动者人身安全的，劳动者可以立即解除劳动合同，不需事先告知用人单位。这是劳动者无条件单方解除劳动合同的权利，即如果出现了法定的事由，劳动者无需向用人单位预告就可通知用人单位解除劳动合同。由于劳动者行使特别解除权往往会给用人单位的正常生产经营带来很大的影响，所以，法律在平衡保护劳动者与企业合法利益基础上对此类情形作了具体的规定，只限于在用人单位有过错行为的情况下允许劳动者行使特别解除权。另外，《劳动合同法》第37条规定，劳动者提前30日以书面形式通知用人单位，可以解除劳动合同。劳动者在试用期内提前3日通知用人单位，可以解除劳动合同。

（六）经济补偿金

经济补偿金是用人单位解除劳动合同时，给予劳动者的经济补偿。经济补偿金是在劳动合同解除或终止后，用人单位依法一次性支付给劳动者的经济上的补助。劳动者在与用人单位确立劳动关系，接受用人单位的人事、规章制度等方面管理的同时，有权在约定的期限内获得确定数额的工资及福利。期限届满前劳动关系终止的，会使劳动者失去工作和基于此产生的预期利益，对于并无主观过错的劳动者来说，是利益的受损。通过经济补偿金的给付可减少劳动者的损失，使劳动者在失去原有工作和找到新工作之间有一个良好的经济过渡。在劳动者重新就业的合理时间内，经济补偿金就相当于原有工作待遇中的一部分，起到维持生计的作用。

《劳动合同法》第46条规定，有下列情形之一的，用人单位应当向劳动者支付经济补偿：①劳动者依照本法第 38 条规定解除劳动合同的；②用人单位依照本法第 36 条规定向劳动者提出解除劳动合同并与劳动者协商一致解除劳动合同的；③用人单位依照本法第 40 条规定解除劳动合同的；④用人单位依照本法第 41 条第 1 款规定解除劳动合同的；⑤除用人单位维持或者提高劳动合同约定条件续订劳动合同，劳动者不同意续订的情形外，依照本法第 44 条第 1 项规定终止固定期限劳动合同的；⑥依照本法第 44 条第 4 项、第 5 项规定终止劳动合同的；⑦法律、行政法规规定的其他情形。第 47 条规定，经济补偿按劳动者在本单位工作的年限，每满一年支付 1 个月工资的标准向劳动者支付。6 个月以上不满 1 年的，按 1 年计算；不满 6 个月的，向劳动者支付半个月工资的经济补偿。劳动者月工资高于用人单位所在直辖市、设区的市级人民政府公布的本地区上年度职工月平均工资 3 倍的，向其支付经济补偿的标准按职工月平均工资 3 倍的数额支付，向其支付经济补偿的年限最高不超过 12 年。本条所称月工资是指劳动者在劳动合同解除或者终止前 12 个月的平均工资。第 87 条规定，用人单位违反本法规定解除或者终止劳动合同的，应当依照本法第 47 条规定的经济补偿标准的 2 倍向劳动者支付赔偿金。

训练任务

劳动合同的解除意味着劳动合同双方当事人的权利和义务关系终止，对劳动者和企业双方来说都会产生一些不利的后果。特别是对于劳动者，解除劳动合同就意味着失业，所以，立法者赋予了劳动者较大的单方面解除劳动合同的权利，而对于用人单位单方面解除劳动合同的权利进行了较为严格的限制。双方当事人协商一致解除劳动合同，只要双方当事人在不违反法律法规、不损害国家利益、社会利益和不特定的第三人的合法权益的情况下自愿达成一致意见，就能解除劳动合同，法律不进行太多的干涉。由于劳动合同双方存在着利益上的不平衡，单方解除劳动合同就会产生较多的法律纠纷。所以，在接待企业或劳动者咨询劳动合同解除问题时需要注意以下事项：

1. 双方当事人可以通过协商达成共识依法解除合同。劳动合同订立后，双方当事人应当按照劳动合同的约定履行各自的义务，任何一方不得擅自解除合同。但是在发生了一些特殊情况时，继续履行劳动合同已经成为不可能或者没有必要，此时双方当事人可以依法解除合同。

2. 用人单位可以单方面解除劳动合同，但是用人单位单方面解除劳动合同必须依照法律规定的条件、程序进行，否则就要承担违法解除劳动合同的赔偿责任。同时，必须注意法律规定的劳动者具有法定情形用人单位不能解除劳动合同的，用人单位只能履行合同，不得单方面解除劳动合同。

3. 无过失性辞退是用人单位根据劳动合同履行过程中客观情况的变化依法解除劳动合同。对于无过失性辞退，需要注意的是用人单位应当提前30日书面通知劳动者本人，或者额外支付劳动者1个月工资后方可解除劳动合同。

4. 经济性裁员是用人单位出于经营方面的考虑，单方解除劳动合同的方式。尽管名为经济性裁员，其实质是用人单位单方解除劳动合同的一种方式。因此用人单位解除劳动合同必须符合法定程序：①提前30日向工会或者全体职工说明情况，并提供有关生产经营状况的资料。裁减人员既非职工的过错也非职工本身的原因，且裁员总会给职工在某种程度上造成生活等方面的负面影响，为此，裁员前应听取工会或职工的意见。②向当地劳动保障行政部门报告裁减人员方案以及工会或者全体职工的意见，并听取劳动保障行政部门的意见。③由用人单位正式公布裁减人员方案，与被裁减人员办理解除劳动合同手续，按照有关规定向被裁减人员本人支付经济补偿金，并出具裁减人员证明书。

5. 用人单位违法解除或者终止劳动合同，劳动者要求继续履行劳动合同的，用人单位应当继续履行；劳动者不要求继续履行劳动合同或者劳动合同已经不能继续履行的，用人单位应当依照双倍补偿的标准支付赔偿金。

6. 劳动者没有单方面绝对解除劳动合同的权利。由于劳动者行使劳动合同解除权往往会给用人单位的正常生产经营带来很大的影响，所以，法律在平衡保护劳动者与用人单位合法利益基础上对此类情形作了具体的规定，只限于在用人单位有过错行为的情况下才允许劳动者行使单方面劳动合同解除权。另外，《劳动合同法》第37条规定，劳动者提前30日以书面形式通知用人单位，可以解除劳动合同。劳动者在试用期内提前3日通知用人单位，可以解除劳动合同。

训练案例

【案例一】 协商一致，合同解除

2008年7月10日，吴某与某化工厂签订了一份为期5年的劳动合同，约定吴某在某化工厂从事会计工作，无论是吴某还是某化工厂，如单方面提前解除劳动合同，必须支付给对方5万元违约金。此后，因吴某找到了工资更高、待遇更好的工作，遂于2008年12月9日向某化工厂递交了辞呈，明确提出将于月底离开某化工厂。某化工厂因为近一年来的经济效益极度恶化，同意吴某离职，并未追要违约金。

【训练任务】通过训练，明确劳动合同解除时违约金的适用范围。

【训练程序】1. 学生分析案例，书面回答问题：某化工厂能否追要违约金？

2. 教师总结、点评。

【训练提示】1.《劳动合同法》第36条规定，用人单位与劳动者协商一致，可以解除劳动合同。

2. 查找资料明确劳动合同法允许约定的违约金的范围。劳动合同法允许用人单位与劳动者约定两种违约金：①用人单位出资让劳动者去培训，可以约定服务期违约金，但金额最高不能超过用人单位支出的培训费用，且按约定期限逐年递减。②关于用人单位的商业秘密的保密协议，可以约定竞业期违约金，约定劳动者在离职后一段时间不得到同类的公司就职。但最多不得超过两个月，离职后原用人单位须按月向劳动者支付不能到同类单位任职的经济补偿，否则劳动者不算违约。

【案例二】　　　　　　**企业单方面解除劳动合同**

2010年7月，程某大学毕业后入职太原某商贸公司，双方约定程某为办公室文秘，月薪1280元。没过多久，程某承受不了巨大的工作压力，为了休息，程某向公司提交了一张假病假条。然而公司很快就发现了程某委托亲戚搞到假病假条的事实，便依据公司规章制度，对程某作出了辞退处理。

程某感觉公司的处罚决定过重，就提起了劳动仲裁申请，要求该公司支付解除劳动合同经济补偿金。劳动人事争议仲裁委员会审理查明后，驳回了申请人的仲裁请求。

【训练任务】1. 明确掌握企业单方面解除劳动合同的条件。

2. 明确经济补偿金的规定。

3. 学会对不同咨询者的接待。

【训练程序】1. 全班学生分为四组，两组学生扮演法律工作者，另外两组学生扮演程某及其陪同者和企业工作人员。

2. 学生模拟接待不同的咨询者。

3. 教师点评。

【训练提示】1. 了解企业单方面解除劳动合同的规定。

2. 用人单位因劳动者违反规章制度解除其劳动合同的，用人单位负举证责任，这就要求用人单位解除劳动合同应履行必要的程序：①用人单位应征求工会的意见并允许劳动者申辩；②对解除劳动合同的事由和依据负举证责任，用人单位应证明劳动者确实存在违反规章制度的情形及其规章制度的合法性；③用人单位应将解除劳动合同决定送达劳动者。用人单位解除与劳动者的劳动合同，必须依法履行程序，否则，将受到不利己的裁决。

3. 程某被辞退是企业根据《劳动合同法》第 39 条规定作出的，所以，程某难以获得经济补偿金。

【案例三】　　　　　　　模拟书信咨询

××法律服务所：

我于 2009 年 4 月 30 号到药厂上班，2009 年没有签订劳动合同也没有交社会保险，2010 年签订劳动合同并交社会保险 1 年，2012 年签订了为期 4 年的劳动合同，2016 年 12 月 30 日到期。在 2013 年 12 月 17 日因为一点小事，药厂把我给辞退了。我想问一下，药厂是不是属于单方解除劳动合同？怎么给我经济补偿？尽快给我答复。谢谢您。

【训练任务】 1. 通过训练掌握书信咨询的基本礼仪。

2. 通过训练进一步掌握书信咨询的基本方法。对已经清楚表达的问题要给予明确的答复；对于表达不太清楚的问题，既可以在进一步了解事实的基础上给予答复，也可以假设咨询问题的情形予以答复。

【训练程序】 1. 学生分析案例，根据来信内容拟定回信。

2. 教师总结、点评。

【训练提示】 1. 首先要感谢咨询者对法律服务所的信任。然后针对材料做答复。

2. 有关 2009 年社会保险的问题，超过了劳动争议 1 年的时效，无法通过仲裁的方式维权。

3. 可以根据咨询者所留联系方式进一步了解解除劳动合同的原因，然后再具体答复。

【案例四】　　　　　　　无过失性辞退案例

小王从职业技术学院毕业后进入某电器商场负责商品售后工作。在小王负责维修的产品中，返工数量居多，而且经常遭到客户投诉。商场行政部门遂将小王调到商场做销售，但 1 个月下来电器没有卖出几台，客户倒是得罪了不少。为此，商场决定辞退小王。商场咨询的问题是：商场应当履行哪些手续？

【训练任务】1. 通过训练掌握无过失性辞退员工的程序。

2. 明确用人单位违法解除合同的法律后果。

【训练程序】1. 学生分析案例，书面回答某商场辞退员工应遵循的程序。

2. 教师总结、点评。

【训练提示】1. 商场应当提前 30 日书面通知劳动者本人，或者额外支付劳动者 1 个月工资后，解除劳动合同。

2. 商场应当保管好劳动合同的所有资料，避免劳动合同解除后劳动者的纠缠。

【案例五】　　　劳动者解除劳动合同须依法履行程序

李某与某机械有限公司签订了期限为 2010 年 1 月 1 日～2012 年 12 月 31 日的劳动合同。2010 年 2 月 23 日，李某因个人原因提出辞职。公司于 2010 年 2 月 28 日以李某旷工违反单位规章制度为由与其解除劳动合同。公司没有提供相关规章制度。李某于 2010 年 4 月 20 日申请仲裁，要求确认双方劳动合同于 2010 年 2 月 23 日解除，请求裁决某公司支付其解除劳动关系的经济补偿金。

【训练任务】1. 通过训练明确劳动者单方面解除劳动合同的程序规定。

2. 进一步明确经济补偿金的规定。

【训练程序】1. 学生分析案例，书面回答问题：劳动者因劳动关系如何获得经济补偿金？

2. 教师总结、点评。

【训练提示】1. 劳动者因个人原因辞职的，应当提前 30 天以书面形式通知用人单位，否则，用人单位在 30 天内可以不办理解除劳动合同手续。

2. 经济补偿金是用人单位对劳动者在劳动关系存续期间付出的劳动和创造的成果的认可和肯定，具有一定的补偿功能，同时也是用人单位对于劳动者离开原工作岗位后，帮助其度过重新就业期，弥补其生活、医疗费用等基本生活消费，具有一定的社会保障功能。因此，在一定条件下获得经济补偿，是劳动者的一项法定权利，也是用人单位的法定义务。按照现行法律规定，用人单位解除劳动合同时，对于符合《劳动合同法》第 38 条、第 40～42 条规定情形的，必须支付经济补偿金。

✒️ 讨论案例

【案例一】　　　　**用人单位违法解除劳动合同案**

　　2008 年 7 月，谭女士进入银川市某贸易公司工作，双方签订为期 3 年的劳动合同，约定谭女士工资标准为每月 5000 元。两年后，该贸易公司更换法人代表，新任领导与谭女士在诸多经营理念上都有分歧，相处不快。2010 年 10 月，谭女士收到了公司的书面通知，称其"难以融入公司文化，不符合员工要求"，从而解除了双方的劳动合同。

　　【讨论问题】用人单位是否属于违法解除劳动合同？

　　【讨论提示】1. 该贸易公司提出的"难以融入公司文化，不符合员工要求"的理由并非解除劳动合同的法定理由。

　　2.《劳动合同法》第 87 条规定，用人单位违反本法规定解除或者终止劳动合同的，应当依照本法第 47 条规定的经济补偿标准的两倍向劳动者支付赔偿金。这是用人单位违法解除劳动合同的后果。

【案例二】　　　　**劳动者被迫辞职案**

　　王女士是某公司的领班，该公司未为其缴纳生育保险，因为生育，王女士自 2009 年底开始享受产假。休假期间，王女士没有享受到生育保险基金支付的生育津贴，该公司也没有按生育津贴标准向其支付产假期间的工资。2010 年 3 月初，王女士以该公司未依法缴纳社会保险费为由提出辞职。随后王女士向劳动人事争议仲裁委员会提出仲裁申请，要求该公司支付解除劳动合同经济补偿金并补发其产假期间的工资（生育津贴）。劳动人事争议仲裁委员会审理查明事实调解未果后，支持了王女士的请求。

　　【讨论问题】是王女士提出的辞职，为什么她还能获得经济补偿金？

　　【讨论提示】1.《劳动合同法》第 38 条第 1 款规定，用人单位未依法缴纳社会保险费的，劳动者可以解除劳动合同，且用人单位应当向劳动者支付经济补偿金。

　　2. 本案中王女士作为女职工，依法享有在生育期间获得社会保险的权利，法定产假期间依法停发工资改为享受生育津贴。由于该公司未依法履行参保缴费义务，导致王女士不能及时获得相应的生育保险待遇和保障，迫使王女士提出解除劳动关系，该公司应支付补偿金。

三、劳动用工

知识储备

劳动合同法允许企业等用人单位根据本单位的实际情况，采取灵活多样的用工形式。企业的用工方式按工作时间的不同可分为全日制用工和非全日制用工。全日制用工又可以根据劳动合同的期限进行划分，分为固定期限劳动合同的用工、无固定期限劳动合同的用工和以完成一定工作任务为劳动合同期限的用工。现在还有一种补充的用工形式——"劳务派遣"正被企业滥用，也是常见的劳动用工形式。

（一）全日制用工与非全日制劳动用工

全日制用工，按照《劳动合同法》的规定，用人单位与劳动者应当订立书面劳动合同。标准的全日制用工实行每天工作不超过 8 小时，每周不超过 40 小时的标准工时的工时制度。非全日制用工，是指以小时计酬为主，劳动者在同一用人单位一般平均每日工作时间不超过 4 小时，每周工作时间累计不超过 24 小时的用工形式。《劳动合同法》第 69 条第 1 款规定："非全日制用工双方当事人可以订立口头协议。"

讨论案例

用工形式争议案

2009 年 4 月，陆某被昌乐县某医院后勤公司招聘为清洁工，双方签订了非全日制用工协议。协议约定，陆某每周固定两天来医院清扫，每天清扫负责的楼层两三次，每次清扫 4 小时，工资按月发放。2010 年 5 月，医院后勤公司以非全日制用工可以随时解除劳动合同为由，通知陆某终止劳动关系。陆某不服，向县劳动人事争议仲裁委员会提出仲裁，请求认定医院后勤公司为违法解除劳动合同，要求其支付赔偿金。

【讨论问题】陆某的请求能否得到支持？

【讨论提示】1. 根据我国《劳动合同法》第 68 条、第 69 条的规定，非全日制用工，是指以小时计酬为主，劳动者在同一用人单位一般平均每日工作时间不超过 4 小时，每周工作时间累计不超过 24 小时的用工形式。非全日制用工双方当事人可以订立口头协议。从事非全日制用工的劳动者可以与一个或者一个以上用人单位订立劳动合同，非全日制用工双方当事人任何一方都可以随时通知对方终止用工。终止用工，用人单位不向劳动者支付经济补偿。

2. 仲裁委经审理认为：陆某在医院每次清扫 4 个小时，每天清扫两三次，每天工作时间不低于 8 小时，每周工作时间超过 16 个小时。因此，根据《劳动合同法》第 68 条、第 72 条的规定，认定医院后勤公司与陆某的劳动关系属于全日制用工，不能随时通知对方终止用工关系。据此，仲裁委经合议后作出裁决，医院后勤公司单方面解除劳动合同的行为违法，支持了陆某要求支付赔偿金的仲裁请求。

（二）劳务派遣

劳务派遣，是指依法设立的劳务派遣机构和劳动者订立劳动合同后，依据其与接受派遣的企业之间订立的劳务派遣协议，将劳动者派遣到接受派遣的企业工作。在劳务派遣中，劳动过程由企业管理，而工资、福利、社会保障等费用均由企业根据劳务派遣协议拨付给劳务派遣机构，再由派遣机构支付给劳动者，并为劳动者办理社会保险等。劳务派遣应当注意的问题有：

1. 按照《劳动合同法》的规定，劳务派遣员工所从事的工作范围应该为"临时性、辅助性、替代性工作"。按照全国人大法工委解释，所谓辅助性，指可以使用劳务派遣员工的岗位须为企业非主营业务岗位；替代性，指正式员工临时离开无法工作时，才可由劳务派遣公司派遣员工临时替代；临时性，指劳务派遣期限不得超过 6 个月，企业用工超过 6 个月的岗位须用本企业的正式员工。但实际上，企业招收的劳务派遣员工既非临时性，也非辅助性，更不具有替代性，他们所从事的是实实在在的主营业务工作。

2. 劳务派遣员工与企业的正式员工应当"同工同酬"。用工单位无同类岗位劳动者的，参照用工单位所在地相同或者相近岗位劳动者的劳动报酬确定。同工同酬是指同一企业内部实行全日制的劳动者在相同、相近、相似的工作岗位上，付出相同的劳动量且取得相同业绩的，应执行同等的工资分配制度。

3. 跨地区劳务派遣。《劳动合同法》第 61 条规定，劳务派遣单位跨地区派遣劳动者的，被派遣劳动者享有的劳动报酬和劳动条件，按照用工单位所在地的标准执行。即跨地区劳务派遣的，劳动者享有的劳动报酬和劳动标准，应当按照用工单位所在地的标准执行。

4. 需注意 2012 年《劳动合同法》新修订的内容主要体现在对劳务派遣单位的严格管理、控制临时工的适用以及保障劳动者劳动报酬权几个方面。

（三）劳动报酬

劳动报酬是劳动者为用人单位提供劳动而获得的各种报酬。用人单位支付给劳动者的全部报酬包括三部分：一是货币工资，即用人单位以货币形式直接支付给劳动者的各种工资、奖金、津贴等；二是实物报酬，即用人单位以免费或低于成本提供给劳动者的各种物品和服务等；三是社会保险，即用人单位为劳动者直接向政府和保险部门支付的失业、养老、人身、医疗等保险金。

用人单位应当按照劳动合同约定和国家规定，向劳动者及时足额支付劳动报酬。劳动合同法允许用人单位结合灵活多样的用工形式，与劳动者在法律允许的范围内就劳动报酬、支付时间、支付方式等进行平等协商。但是用人单位必须遵守国家的有关规定：

1. 最低工资保障制度。国家实行最低工资保障制度，用人单位支付劳动者的工资不得低于当地的最低工资标准。最低工资是一种保障制度，它确保了职工在劳动过程中至少能领取最低的劳动报酬，以维持劳动者个人及其家庭成员的基本生活。

2. 工资应当以货币形式发放，不得以发放实物或有价证券等形式代替货币支付。

3. 劳动者的加班费也是其劳动报酬的重要组成部分。用人单位应当严格按照劳动法的规定支付劳动者的加班费。《劳动法》第44条规定，用人单位安排劳动者延长工作时间的，应支付不低于工资的150%的工资报酬；休息日安排劳动者工作又不能安排补休的，支付不低于工资的200%的工资报酬；法定休假日安排劳动者工作的，支付不低于工资的300%的工资报酬。

4. 试用期的劳动报酬。劳动者在试用期的工资不得低于本单位同岗位最低档工资或者劳动合同约定工资的80%，并不得低于用人单位所在地的最低工资标准。这是劳动者在试用期间工资待遇的法定最低标准。

训练任务

社会经济快速发展的同时，企业劳动关系也变得更加多元化，相互之间的关系也变得更加复杂。而劳动用工中企业与劳动者的工资报酬、劳务派遣是近年来劳动纠纷中常见的纠纷类型。通过训练进一步掌握工资报酬的相关规定，进一步了解劳务派遣的新规定，从而能够较好地为咨询者提供满意的答复。在分析劳动报酬、劳务派遣纠纷时应当注意以下问题：

1. 国家实行最低工资保障制度，用人单位支付劳动者的工资不得低于当地的最低工资标准。

2. 劳动者在试用期的工资不得低于本单位同岗位最低档工资或者劳动合同约定工资的80%，并不得低于用人单位所在地的最低工资标准。

3. 在劳务派遣中，劳动过程由企业管理，而工资、福利、社会保障等费用均由企业根据劳务派遣协议拨付给劳务派遣机构，再由派遣机构支付给劳动者，并为劳动者办理社会保险等。

4. 被派遣劳动者享有与用工单位的劳动者同工同酬的权利。用工单位无同类岗位劳动者的，参照用工单位所在地相同或者相近岗位劳动者的劳动报酬确定。同工同酬是指同一企业内部实行全日制的劳动者在相同、相近、相似的工作岗位上，付出相同的劳动量且取得相同业绩的，应执行同等的工资分配制度。

训练案例

【案例一】　　　　　　　　**薛某某咨询实例**

　　薛某某，男，在太原经营一家规模不大的餐饮店。常年雇佣服务人员大约 20 名左右。某天薛某某前来咨询，咨询的内容主要是其被刚刚解雇的员工小杨告了。经过了解，基本的事实如下：小杨 2013 年 3 月 6 日到餐饮店打工，按照太原餐饮行业的惯例，薛某某给小杨开的工资是每月 890 元，每月休息 3 天，请假 1 天扣除当天工资，员工中午、晚上在店里吃工作餐，并给员工提供住宿。2013 年 10 月 1 日上午点名时没有见到小杨，经电话联系得知小杨和老乡上平遥玩去了。10 月 5 日小杨回到店里时被老板薛某某开除。小杨在 10 月底到当地劳动仲裁委员会申请仲裁，要求薛某某支付近 7 个月的双倍工资、支付每月与太原最低工资标准差额部分以及没有缴纳的五险一金。

【训练任务】 1. 掌握工资的组成部分。

2. 查找当年太原最低工资标准。

3. 进一步熟悉咨询的基本礼仪和技巧。

【训练程序】 1. 教师介绍现场咨询模拟训练的场景。

2. 指定 4 名学生模拟现场咨询情境。

3. 其余学生点评学生接待当事人的礼仪、法律咨询时存在的问题。

4. 教师总结、点评。

【训练提示】 1. 引导咨询者陈述纠纷事实。

2. 了解是否签订了劳动合同。

3. 了解薛某某餐饮店是否制定了员工管理制度。

4. 薛某某认为其给员工工资达到了太原最低工资标准，其员工的工资组成是：每月 890 元现金 + 午餐 + 晚餐，午餐、晚餐每人每天标准是 15 元，每月合计 450 元，另外还给员工提供住宿。针对薛某某的说法，讨论工资的基本构成，并予以答复。

5. 根据《劳动合同法》回答薛某某的应对策略和应尽的法律义务。

【案例二】 **有关工资的来信咨询实例**

我们工资是每月 25 日结算，2014 年 12 月 27 日我们才放假，还不发工资。原因是公司投资房地产，导致公司没有流动资金，过年不发工资。过去我们每年都发奖金，今年也取消了。想问一下，我们每做一个项目公司要发项目奖，而项目奖只发 40%，剩余的说是福利奖金，等公司上市的时候可以给我们期权，我们要是辞职不干一分钱拿不到，这种所谓的福利奖金合理吗？谢谢！

【训练任务】 1. 通过训练进一步掌握书信咨询的基本礼仪。

2. 通过训练进一步掌握书信咨询的基本方法。

【训练程序】 1. 学生分析案例，根据来信内容拟定回信。

2. 教师总结、点评。

【训练提示】 1. 工资应该按月发放，如果公司不按时发放工资肯定是违法的，可以向劳动监察部门投诉。

2. 有关奖金和福利，要看当事人劳动合同的约定，如果没有约定的，单位没有义务发放。

讨论案例

工资可以包含保密费吗？

李某与某公司于 2005 年 3 月签订劳动合同，担任开发经理。劳动合同约定李某应当保守公司商业秘密，并在离职后两年内不到竞争性公司任职。如李某违反约定，应承担违约责任，向公司支付 60 000 元违约金。同时，公司员工手册规定，支付给员工的工资中包括了基本工资、保密工资、加班费、各种津贴等。李某的工资表显示，李某的工资构成中，包括上述几个种类，其中保密工资 500 元。2005 年 11 月，李某离职。2006 年 3 月，李某加盟一家开发同类产品的企业。某公司知道后前来咨询：公司能否要求李某承担违约责任？

【讨论问题】公司能否要求李某承担违约责任？

【讨论提示】1. 保密工资不是竞业限制补偿金。公司与李某的保密与竞业限制协议中既未约定竞业限制补偿金，公司在李某离职后也未支付竞业限制补偿金，因此竞业限制协议无效。

2. 要注意保密义务与竞业限制的区别：①保密义务可以针对任何劳动者，竞业限制限于用人单位的高级管理人员。②期限不同。保密义务的遵守没有期限，竞业禁止期限最高为2年。③保守商业秘密可以是无条件的，竞业禁止需要做出相应的经济补偿。保守秘密是劳动者的法定义务，这种法定的不作为义务的目的是防止侵犯权利人的所有权，企业也可以不支付保密费。但由于竞业限制禁止员工使用所掌握的赖以谋生的知识、经验、技能，极有可能使其不能从事自己擅长的专业或熟悉的工作，收入或生活质量降低在所难免，因此企业必须给予一定的经济补偿金。

训练案例

派遣工同工不同酬案

2008年9月16日，河池市某劳务派遣公司（以下简称某公司）招聘覃某等40余人为自己的员工，并与覃某等签订了一份为期5年的劳动合同，合同约定：覃某受派遣时的工资为月薪900元，没有派遣任务时的基本工资为月薪600元。签订合同后不久，某公司签订了劳务派遣合同，将覃某等8人派往东莞市某玩具厂务工，玩具厂也直接将覃某等8人的工资月薪2300元汇入某公司账户，由某公司发放，覃某的食宿费用则由玩具厂全包。得到覃某等派遣工的工资后，某公司根据合同约定每月按时发放900元给覃某等人。工作了一年多后，看到别的与自己一起劳动的劳动者都得到月工资2300元左右，唯独被某公司派遣员工只得到区区的900元，覃某等人就要求某公司支付最少1800元的月薪，但被拒绝。于是，覃某等8位员工以停工相威胁，但某公司和玩具厂也拿出合同威胁覃某等，使其不敢贸然旷工。无奈之下，覃某等8位劳动者申请劳动仲裁，要求某公司补足1800元的月工资，但劳动仲裁机关以覃某等与某公司有合同明确约定为由，驳回了他们的申请。覃某等不服提起诉讼。

【训练任务】1. 通过训练，进一步明确劳务派遣的法律规定。

2. 为派遣工提供相关法律咨询。

【训练提示】1. 劳务派遣公司对劳动者的义务是联系工作，监管劳动者遵守劳动纪律和完成劳动任务，代发用工单位给付给劳动者的工资，没有派遣任务时支付基本工资给劳动者。它的权利是收取中介费和管理费。

2. 劳务派遣单位跨地区派遣劳动者的，被派遣劳动者享有的劳动报酬和劳动条件，按照用工单位所在地的标准执行。

3. 劳务派遣员工与企业的正式员工实行"同工同酬"的工资待遇。

讨论案例

【案例一】　　　　　　　　派遣工张某受伤案

　　张某初中毕业后，因家庭生活困难进城打工，应聘到了某劳务派遣公司。该公司将张某派遣到一家安装公司做力工，在安装一设备时，没有受过专业训练的张某不慎从 3 米多高的设备上摔了下来，造成椎骨骨折，骨盆断裂，住进了医院。因为派遣单位和用工单位都没有给张某交工伤保险，张某出院时派遣公司和用工单位相互推脱，都不肯为他出医疗费用。纠纷遂发生。

【讨论问题】张某的医药费如何处理?

【讨论提示】1.《劳动合同法》第 92 条和《劳动合同法实施条例》第 35 条规定了派遣单位和用工单位在被派遣的劳动者合法权益受到损害时，要承担连带责任。

2. 劳务派遣单位和用工单位之间的责任，一般按照劳务派遣单位和用工单位双方的事先约定来划分。但是，劳务派遣单位和用工单位之间的约定不能对抗被派遣劳动者。

【案例二】　　　　　　　　阿美劳动派遣案

　　阿美在某制造单位工作了 10 年，合同都是一年续签一次。2013 年年底，单位突然决定和阿美一样的 76 名员工全部转为派遣用工模式。根据这一决定，这 76 名员工必须在年底前与公司下设的劳务公司签订劳动合同，由原来的单位员工变为劳务公司的派遣工，否则劳动合同到期将自动终止。阿美心里十分不安，担心派遣工的待遇问题，而且对公司的做法是否合法也心存疑虑。

【讨论问题】1. 通过讨论，进一步明确关于劳务派遣的相关规定。

2. 通过讨论，进一步明确劳务派遣公司与用人单位的关系。

【讨论提示】1. 查找劳务派遣公司成立的条件。

2. 某制造厂将阿美等 76 名员工转为派遣工是否具有法律效力？

四、企业的劳动规章制度

知识储备

企业制定劳动规章制度，要严格执行国家的法律、法规的规定，保障劳动者的权利，督促劳动者履行劳动义务；应当体现权利与义务一致、奖励与惩罚相结合，不得违反法律、法规的规定。企业劳动规章制度的内容主要包括：劳动报酬、工作时间、休息休假、劳动安全卫生、保险福利、职工培训、劳动纪律以及劳动定额管理等。

（一）企业劳动规章制度制定的程序

《劳动合同法》第 4 条第 2 款规定，用人单位在制定、修改或者决定有关劳动报酬、工作时间、休息休假、劳动安全卫生、保险福利、职工培训、劳动纪律以及劳动定额管理等直接涉及劳动者切身利益的规章制度或者重大事项时，应当经职工代表大会或者全体职工讨论，提出方案和意见，与工会或者职工代表平等协商确定。

由此可见，企业制定规章制度的平等协商程序应包括以下两个程序：

1. 民主程序。即企业起草的规章制度草案应当首先提交职工代表大会或者全体职工讨论，由职工代表大会或全体职工提出方案和意见。民主程序规定得非常明确，只有两种选择：企业有职工代表大会制度的，应当将规章制度的草案交由职工代表大会讨论；没有职工代表大会制度的，应当交由全体职工讨论。

民主程序不能理解为全体劳动者的同意。民主程序是通过多数表决的机制运行的，多数表决机制不顾及少数投否决票者。此外，未设职工代表大会可以通过股东大会、董事会等权力机构制定，而股东会、董事会与职工代表大会代表的利益主体有别，不能代表劳动者的利益，因此与劳动者的同意有本质差别。

2. 集中程序。企业先将规章制度的草案交由职工代表大会或全体职工讨论后，由职工代表大会或全体职工提出意见和方案，再由企业修订规章制度。虽然《劳动合同法》第 4 条第 2 款规定，企业制定规章制度要与工会或者职工代表平等协商确定，但这并不意味着企业的规章制度最后决定权不在企业，而是由企业与工会或者职工代表通过平等的协商程序予以决定。

（二）劳动规章制度的效力

根据《最高人民法院关于审理劳动争议案件适用法律若干问题的解释》的规定，企业制定的劳动规章制度作为审理劳动争议的依据必须具备三个条件：①必须由企业的行政管理机关依法制定，内容必须符合劳动法及有关法律、法规；②必须经过职工代表大会或其他民主程序通过，未设职工代表大会制度的企业，由股东大会、董事会等权力机构或者依相应的民主程序制定；③必须要明确告知劳动者，企业未尽告知义务的，不能作为处理劳动争议案件的依据。

企业劳动规章是企业制定并在本单位实施的组织劳动过程和进行劳动管理的规则，是企业和劳动者在劳动过程中的行为规则。企业的劳动规章本身不是法律，但却对企业和劳动者产生法律和约束力。那么，企业劳动规章的法律效力的依据是什么？我国《宪法》第53条规定，中华人民共和国公民必须遵守宪法和法律，保守国家秘密，遵守劳动纪律，遵守公共秩序，尊重社会公德。我国《劳动法》第4条规定，用人单位应当依法建立和完善规章制度，保障劳动者享有劳动权利和履行劳动义务。上述法律规定表明，企业依法制定劳动规章制度既是法律赋予企业的权利，也是企业必须履行的法定义务，劳动者遵守企业劳动纪律和规章制度也是法律为劳动者所确定的义务。由此可见，企业劳动规章具有的法律效力，是由我国法律直接赋予的。

（三）劳动规章制度的公示

企业内部的劳动规章制度应当对劳动者公示，未经公示的企业内部规章制度，劳动者无所适从，对劳动者不具有约束力。《劳动合同法》第4条第4款规定，用人单位应当将直接涉及劳动者切身利益的规章制度和重大事项决定公示，或者告知劳动者。《最高人民法院关于劳动争议案件适用法律若干问题的解释》第19条也明确规定了规章制度只有向劳动者公示后才能作为审判案件的依据。

规章制度公示的方式有很多种，只要让每一位劳动者都知道就可以，但企业应当注意保存公示的证据。常见的公示方法包括：①厂务公开栏张贴告示并拍照、公证或律师见证。②在劳动合同中约定劳动者应执行的具体规章制度。③向每个员工发放劳动规章制度的单行本，并要求员工签名确认。④向员工进行劳动规章制度的培训或宣讲，要求接受培训或宣讲的员工签到确认或开卷考试。⑤将劳动规章制度在企业局域网上公布或将其以邮件方式发给员工。上述五种公示方法是比较常见的方法，但各有利弊，在实践操作中，还应当注意细节。

（四）向劳动行政部门报送备案

企业制定的规章制度公示后应当向劳动行政部门报送备案，报送备案的目的在于劳动行政部门能够及时发现和解决企业在制定劳动规章制度的过程中可能存在的问题，预防违法行为的发生，以此保障劳动规章制度内容的合法性，保护全体职工的利益。但是，企业在向劳动行政部门报送过程中，要注意以下两点：①企业规章制度生效及生效时间，应以是否符合规章制度生效要件为准，是否送交劳动行政部门审查备案，并不影响规章制度的效力；②遇到劳动纠纷需要适用企业规章制度时，如果证明规章制度生效的三个要件存在一定困难，那么，经过劳动行政部门审查和备案的程序在一定程度上能够起到证明和使规章制度合法化的作用。因此，如果企业当地的劳动行政部门对企业规章制度提供审查和备案服务，建议企业在规章制度制定后送交劳动行政部门审查和备案。

（五）违法劳动规章制度的处理

按照《劳动合同法》的规定，企业制定的劳动规定制度出现违法情形时，有两种处理方式：一是允许劳动者以此为由随时提出解除劳动合同，并有权获得经济补偿。《劳动合同法》规定，企业的规章制度违反法律、法规的规定，损害劳动者权益的，劳动者可以解除劳动合同，企业应当向劳动者支付经济补偿。二是由劳动行政部门责令改正。《劳动合同法》规定，企业直接涉及劳动者切身利益的规章制度违反法律、法规规定的，由劳动行政部门责令改正，给予警告；给劳动者造成损害的，应当承担赔偿责任。企业制定的直接涉及劳动者切身利益的规章制度违反法律、法规规定的，其法律后果是：这样的规章制度不对劳动者产生拘束力，劳动者可以不予遵守；同时，劳动者一旦发现企业制定的规章制度违反法律、法规规定的，可向当地的劳动行政部门进行投诉，由劳动行政部门对企业予以责令改正，并给予警告的行政处罚。此外，如果违法的规章制度对劳动者造成损害的，企业应当承担赔偿责任。

训练任务

企业劳动规章是由企业制定并在本单位实施的组织劳动过程和进行劳动管理的规则，是企业和劳动者在劳动过程中的行为规则。通过实例训练使学生明确法律赋予合法的企业劳动规章法律效力的原理，以及违法的企业劳动规章的法律后果。

训练案例

无规章败官司

林某是上海一中日合资企业的员工。公司没有汽车和专职司机，为了工作方便便与一家出租汽车公司签订了租赁合同。林某偷偷配了公车钥匙。2012年7月，他趁司机不在，与同事开车出去，被领导发现，林某与同事受到罚款处理。同年8月，他又开着公车带女友兜风。为了不被发觉，他将油箱里的汽油加满，又让人把计程器往回调，自以为做得天衣无缝。谁料，就在他偷偷送车回单位时，恰巧碰上了一个日方管理人员。公司以林某偷开公车，屡教不改、弄虚作假为由，与林某解除了劳动合同。

丢了工作的林某很不服气，于是以公司从未向他宣传过规章制度、处理过重为由，向劳动争议仲裁委员会提出申诉。公司对此解释：公司有《业务规定》，入职培训时，就明确告诉员工，非司机人员不得驾驶公车。但肖某却对此置若罔闻，屡屡违反，为此，公司解除了与他的劳动合同。劳动争议仲裁委员会会支持谁呢？

【训练任务】通过训练，进一步明确企业规章制度的法律地位。

【训练程序】1. 教师介绍现场咨询模拟训练的场景。

2. 指定4名学生模拟现场咨询情境。

3. 其余学生点评学生接待当事人的礼仪、法律咨询时存在的问题。

4. 教师总结、点评。

【训练提示】1. 该案争议的核心是该公司的《业务规定》是否属于企业规章制度？它能否作为处理纠纷的依据在于它是否向员工公开。

2. 劳动争议仲裁委员会最终裁决公司败诉。

讨论案例

用人单位能否利用规章制度规定或约定降职降薪？

吴某是某公司副总裁，主管公司供应链的管理工作。2010年7月，吴某告知公司她已怀孕，预计产期是2011年3月。怀孕期间，吴某仍然尽职尽责地坚守岗位，但公司考虑由于其身处要职，采购工作不能没有人监督管理，即将到来的产期会对公司的供应链工作产生不小的影响，如果产期结束吴某再申请休假，消极影响就得持续更长时间。根据公司的规章制度，经理级以上员工连续 1 个月不能主持工作的，公司将对其予以降职一级的处理，待其复工后，可根据绩效考评结果考虑恢复原职级。制定规章制度时，公司依法履行了民主程序，颁布之后也向全体员工完成公示。

【讨论问题】讨论用人单位规章制度生效的必要条件。

【讨论提示】1. 用人单位制定制度时的民主程序和制定之后的公示程序是规章制度生效的必要条件。

2. 该案涉及的实质问题是劳动合同的变更问题，因为职位和薪酬属于劳动合同的必备条款，用人单位不能利用规章制度变更劳动合同的内容。当然，用人单位可以使用合法的规章制度辞退违反劳动纪律的员工，以此进行企业管理。

五、社会保险

知识储备

社会保险是国家通过立法建立的、以保险形式实行的，通过保险费的形式筹集社会资金，对劳动者因年老、失业、工伤、疾病、生育等原因暂时或者永久性丧失劳动能力或机会，造成收入中断、减少或负担增加时，为劳动者本人或者其家属提供保险给付，以保障其基本生活的一项社会保障制度。社会保险所承担的风险是劳动者收入丧失或者减少的风险，以解除劳动者的后顾之忧。2010 年 10 月 28 日第十一届全国人民代表大会常务委员会第十七次会议通过的《社会保险法》规定，社会保险包括基本养老保险、基本医疗保险、工伤保险、失业保险、生育保险等 5 个项目。

（一）基本养老保险

基本养老保险，是国家根据法律、法规的规定，强制建立和实施的一种社会保险制度。用人单位和劳动者必须依法缴纳养老保险费，在劳动者达到国家规定的退休年龄或因其他原因而退出劳动岗位后，社会保险经办机构依法向其支付养老金等待遇，从而保障其基本生活。

根据现行政策规定，我国基本养老保险基金由用人单位和个人缴费以及政府补助组成。企业缴纳基本养老保险费的比例，一般为企业工资总额的 20% 左右，职工缴费比例为本人缴费工资的 8%，并全部记入个人账户；城镇个体工商户和灵活就业人员参加基本养老保险的缴费基数为当地上年度在岗职工平均工资，缴费比例为 20%，其中，8% 记入个人账户。政府缴费为财政补贴，是在企业和职工个人双方负担的基础上，承担养老保险费收不抵支的部分。

（二）医疗保险

医疗保险费是医疗保险投保人参加医疗保险所缴纳的费用。城镇职工基本医疗保险费由用人单位和职工共同缴纳。用人单位缴费率应控制在职工工资总额的 6% 左右，职工缴费率一般为本人工资收入的 2%。随着经济的发展，用人单位和职工的缴费率可作相应调整。

（三）失业保险

失业保险是通过社会筹集建立基金，对因失业而暂时中断生活来源的劳动者提供物质帮助和就业服务的社会保险制度。它是社会保障体系的重要组成部分，是社会保险的主要项目之一，其目的是通过社会互助保障失业人员的基本生活，维持社会安定，同时为他们再就业提供服务，以帮助他们加快实现就业。

（四）生育保险

生育保险是指国家通过立法，对怀孕、分娩的女职工给予生活保障和物质帮助的一项社会保障制度，也是国家从社会性别角度对妇女的生育权、健康权给予的一种特殊保护政策。设立生育保险的宗旨在于通过向职业妇女提供生育津贴、医疗服务和产假，帮助她们恢复劳动能力，重返工作岗位，这是一项世界性的妇女福利政策和妇女权利保护的积极措施。

（五）工伤保险

工伤保险是劳动者在工作中或在规定的特殊情况下，遭受意外伤害或患职业病导致暂时或永久丧失劳动力以及死亡时，劳动者或其遗属从国家和社会获得物质帮助的一种社会保险制度。工伤保险是通过社会统筹的办法，集中用人单位缴纳的工伤保险费，建立工作保险基金，对劳动者在生产经营活动中遭受意外伤害或职业病，并由此造成死亡、暂时或永久丧失劳动能力时，给予劳动者法定的医疗救治以及必要的经济补偿的一种社会保障制度。[1]

1. 工伤认定的情形。工伤是指职工在工作过程中因工作原因受到事故伤害或者患职业病。根据《工伤保险条例》第 14 条的规定，职工有下列情形之一的，应当认定为工伤：①在工作时间和工作场所内，因工作原因受到事故伤害的；②工作时间前后在工作场所内，从事与工作有关的预备性或者收尾性工作受到事故伤害的；③在工作时间和工作场所内，因履行工作职责受到暴力等意外伤害的；④患职业病的；⑤因工外出期间，由于工作原因受到伤害或者发生事故下落不明的；⑥在上下班途中，受到非本人主要责任的交通事故或者城市轨道交通、客运轮渡、火车事故伤害的；⑦法律、行政法规规定应当认定为工

---

〔1〕http://baike.baidu.com/view/281380.htm.

伤的其他情形。

同时，根据《工伤保险条例》第15条第1款的规定，职工有下列情形之一的，视同工伤：①在工作时间和工作岗位，突发疾病死亡或者在48小时之内经抢救无效死亡的；②在抢险救灾等维护国家利益、公共利益活动中受到伤害的；③职工原在军队服役，因战、因公负伤致残，已取得革命伤残军人证，到用人单位后旧伤复发的。

2. 不属于工伤的情形。《工伤保险条例》第16条、《社会保险法》第37条规定，职工因下列情形之一导致本人在工作中伤亡的，不得认定为工伤：①故意犯罪的；②醉酒或者吸毒的；③自残或者自杀的；④法律或法规规定的其他情形。

3. 工伤认定程序。

（1）工伤认定的申请。根据《工伤保险条例》第17条第1款、第2款的规定，职工发生事故伤害或者按照职业病防治法规定被诊断、鉴定为职业病，所在单位应当自事故伤害发生之日或者被诊断、鉴定为职业病之日起30日内，向统筹地区社会保险行政部门提出工伤认定申请。遇有特殊情况，经报社会保险行政部门同意，申请时限可以适当延长。用人单位未按前款规定提出工伤认定申请的，工伤职工或者其近亲属、工会组织在事故伤害发生之日或者被诊断、鉴定为职业病之日起1年内，可以直接向用人单位所在地统筹地区社会保险行政部门提出工伤认定申请。

（2）审查。人力资源和社会保障行政部门受理工伤认定申请后，根据审核需要可以对事故伤害进行调查核实，用人单位、职工、工会组织、医疗机构以及有关部门应当予以协助。职业病诊断和诊断争议的鉴定，依照《职业病防治法》的有关规定执行。对依法取得职业病诊断证明书或者职业病诊断鉴定书的，人力资源和社会保障行政部门不再进行调查核实。职工或者其直系亲属认为是工伤，用人单位不认为是工伤的，由用人单位承担举证责任。

人力资源和社会保障行政部门应当自受理工伤认定申请之日起60日内作出工伤认定的决定，并书面通知申请工伤认定的职工或者其直系亲属和该职工所在单位。人力资源和社会保障行政部门工作人员与工伤认定申请人有利害关系的，应当回避。

（六）住房公积金

住房公积金是指国家机关、国有企业、城镇集体企业、外商投资企业、城镇私营企业及其他城镇企业、事业单位及其在职职工缴存的长期住房储金。

职工和单位住房公积金的缴存比例均不得低于职工上一年度月平均工资的

5%；有条件的城市，可以适当提高缴存比例。具体缴存比例由住房公积金管理委员会拟订，经本级人民政府审核后，报省、自治区、直辖市人民政府批准。城镇个体工商户、自由职业人员住房公积金的月缴存基数，原则上按照缴存人上一年度月平均纳税收入计算。

单位不办理住房公积金缴存登记或者不为本单位职工办理住房公积金账户设立手续的，由住房公积金管理中心责令限期办理；逾期不办理的，处1万元以上5万元以下的罚款。

单位逾期不缴或者少缴住房公积金的，由住房公积金管理中心责令限期缴存；逾期仍不缴存的，可以申请人民法院强制执行。

训练任务

社会保障权是指社会成员在因年老、失业、工伤、疾病、生育、死亡、遭遇灾害等原因而面临生活困难时，从国家和社会获得物质帮助，以保障其基本生活需要的权利。因此社会保险费是用人单位和劳动者个人必须依法缴纳的。近年来，劳动者的社会保障权利意识越来越强，社会保险方面的纠纷越来越多。通过训练，使学生进一步掌握社会保险的类型和纠纷处理时应当掌握的基本思路和方法。

训练案例

张某某社会保障纠纷案

张某某于1999年3月~2007年12月在中国网通某分公司工作，期间中国网通某分公司未为张某某参加社会保险，缴纳失业保险费。在实际工作中，中国网通某分公司安排张某某在机房工作。2007年12月4日，中国网通某分公司以口头通知的形式解除了其与张某某之间劳动关系，双方产生争执。

【训练任务】通过训练，进一步明确劳动关系解除与五险一金的关系。

【训练程序】1. 现场咨询模拟训练的情境介绍。

2. 指定4名学生模拟现场咨询情境。

3. 其余学生点评学生接待当事人的礼仪、法律咨询时存在的问题。

4. 教师总结、点评。

【训练提示】1. 中国网通某分公司应当为张某某缴纳1999年3月~2007年

12 月的养老保险费；

2. 中国网通某分公司一次性支付张某失业救济金 8712 元；

3. 中国网通某分公司应当支付张某某经济补偿金。

讨论案例
章某生育保险纠纷案

河北省某市一家皮件厂的女工章某，从 2009 年 1 月起就在皮件厂工作。章某与皮件厂的劳动合同是每年续签的。2013 年 7 月章某怀孕，从开始怀孕、检查、孕期反应的休假，一直到分娩，章某花去的各项费用，包括住院分娩期间的检查费、接生费、住院费、手术费等医疗费用和病假被扣除工资达 5000 多元。皮件厂从章某结婚时就通知了章某，厂里规定的生育费用是采取包干的办法，由厂里一次性支付给张某 1500 元人民币，其余部分由章某自行承担。章某认为应当由工厂按照生育保险的具体规定来报销自己的费用，但是工厂却认为厂里的女工太多，工厂又没有参加社会统筹的生育保险，所以不能负担每个人太多的生育费用，只能实行费用包干的办法。

【讨论问题】该皮件厂生育费用包干法是否合法？

【讨论提示】1. 如果对于妇女的生育经费不实行社会统筹，将极大影响生育期妇女的生活质量，也会加重就业妇女数量多的单位的经济负担，进而影响妇女的就业。

2. 生育保险是一种强制性社会保险，它和养老保险、医疗保险、工伤保险、失业保险一样，都是用人单位必须给员工办理的一种社会保障。如果员工符合生育保险的参保条件，而单位没有为其办理参保手续和缴费的，员工可以向所在区县劳动监察部门举报。

3. 为保障员工权益，如果用人单位未按规定及时为职工办理参保手续或未足额缴纳费用的，职工享受生育保险待遇的有关费用要由用人单位支付，且支付标准不得低于本市企业职工生育保险规定的标准。

训练案例

【案例一】　　　　　　　　工伤认定案例

　　陆某与一家公司签订了一份为期2年的劳动合同。前不久，陆某在上班途中发生交通事故，导致严重受伤。经交警部门认定，陆某不承担事故责任。公司认为其已为陆某办理工伤保险，基于工伤产生的赔偿事宜应由陆某自己去办理，故一直没有为他申请工伤认定。陆某只好在时隔3个月后自己申请，并被确定为工伤、劳动功能障碍四级。当陆某要求公司承担申请鉴定费用、给予迟延申请期间的工伤待遇时，却被公司拒绝，纠纷遂发生。

　　【训练任务】通过训练，进一步明确工伤事故处理的基本规定。

　　【训练程序】1. 学生分析正确处理该案的方案。

　　2. 教师总结、点评。

　　【训练提示】1. 公司除了办理工伤保险之外，还有申请工伤认定的法律义务。职工发生事故伤害或者按照职业病防治法规定被诊断、鉴定为职业病，所在单位应当自事故伤害发生之日或者被诊断、鉴定为职业病之日起30日内，向统筹地区劳动保障行政部门提出工伤认定申请。遇有特殊情况，经报劳动保障行政部门同意，申请时限可以适当延长。有关工伤认定的费用由该用人单位负担。

　　2. 用人单位未按规定提出工伤认定申请的，工伤职工或者其直系亲属、工会组织申请工伤认定的时限，应当在事故伤害发生之日或者被诊断、鉴定为职业病之日起1年内，可以直接向用人单位统筹地区劳动保障行政部门提出工伤认定申请。

【案例二】　　　　　　　　林某兼职工伤案

　　林某是某服装公司的一名制衣工，该公司为其参加了工伤保险统筹。最近因公司放假，小林便到另一服装厂从事短期工作，一次，在上班途中发生交通事故导致头部受伤。经该服装厂申请，小林被认定为工伤，但在申请工伤保险待遇时，被社会保险经办机构以服装厂没有为小林参加工伤保险统筹为由拒绝。请问，小林的工伤待遇应由谁来承担？

　　【训练任务】通过训练明确工伤保险的重要性。

　　【训练程序】1. 学生制作该案正确处理的方案。

2. 教师总结、点评。

【训练提示】《劳动和社会保障部关于实施〈工伤保险条例〉若干问题的意见》第1条规定："职工在两个或两个以上用人单位同时就业的，各用人单位应当分别为职工缴纳工伤保险费。职工发生工伤，由职工受到伤害时其工作的单位依法承担工伤保险责任。"

讨论案例

实习期间受伤能认定为工伤吗？

杨某是某大四建筑系学生，按照学校教学规定参加社会实践，他在学校的安排下来到某公司工地实习。实习期间未戴安全帽被砖块砸伤头部，伤残等级评定为八级。

【讨论问题】实习期间受伤能认定为工伤吗？

【讨论提示】1. 杨某的人身伤害不能被认定为工伤。《劳动法》和《工伤保险条例》调整的对象是用人单位与其有劳动关系的职工。杨某是实习的学生，还没有与该公司建立起劳动关系，不属于该公司的职工，因此，杨某在实习期间因工作原因造成的自身伤害不能被认定为工伤，不能依据《工伤保险条例》要求赔偿。

2. 进一步讨论杨某的权利应当依据哪些法律予以保护。

模拟来信咨询训练

1. 送货受工伤怎么赔偿？

【来信】我是一名司机，我现在遇到了工伤问题，公司不给解决。公司要求我送货到客户那里，卸货的时候不小心刮到鼻子造成了一道很大的伤口，缝了5针。我现在要求公司赔偿工伤费用，可公司推给客户，说是卸客户的货才被伤着的，跟公司没有一点关系，我要求客户赔偿，客户那边同意了，但是要公司出个公函，可公司死活不肯出这公函，所以到现在还没解决这件事，希望您能帮帮我，该怎么处理这件事，希望能早日得到您的回复，以便尽快处理，谢谢！

【答复】你与公司建立劳动关系，公司就应当负责你的工伤索赔，你可以要求公司或自行申请工伤认定，按照工伤保险条例的规定享受待遇，如果公司没有为你缴纳工伤保险，所有费用由公司负责。

2. 可以领取失业金吗?

【来信】我们单位有4个部门,我们的部门被撤销了。2013年单位就终止了我们的劳动合同,但是我们在收尾,还在上班,5月结束,把我们分到其他部门,降低工资待遇,我们可以领取失业金吗?

【答复】如果你同意被分到其他部门,你就没有失业,便不能领取失业保险。

六、劳动纠纷处理

知识储备

劳动纠纷是现实生活中较为常见的纠纷。劳动争议发生后,当事人应当协商解决;不愿协商或者协商不成的,可以向本企业劳动争议调解委员会申请调解;调解不成的,可以向劳动争议仲裁委员会申请仲裁。当事人也可以直接向劳动争议仲裁委员会申请仲裁。对仲裁裁决不服的,可以向人民法院起诉。

(一)劳动争议的调解

劳动争议的调解是指在劳动争议调解委员会的主持下,在双方当事人自愿的基础上,通过宣传法律、法规、规章和政策,劝导当事人化解矛盾,自愿就争议事项达成协议,使劳动争议及时得到解决的一种活动。企业劳动争议调解不是劳动争议处理的必经程序,但它却肩负着企业大量的劳动争议化解工作,起着劳动争议处理中的第一道防线的作用,是我国劳动争议处理制度中的不可缺少的重要组成部分。

1. 劳动争议调解组织。《劳动争议调解仲裁法》第10条第1款规定,发生劳动争议,当事人可以到下列调解组织申请调解:①企业劳动争议调解委员会;②依法设立的基层人民调解组织;③在乡镇、街道设立的具有劳动争议调解职能的组织。

我国重视劳动争议调解工作。《劳动争议仲裁调解法》规定,①劳动者与企业发生劳动争议,既能到企业内部的劳动争议调解委员会进行调解,也可以在基层人民调解组织和乡镇、街道设立的具有劳动争议调解职能的组织进行调解。②对劳动争议调解程序作了细化规定,包括劳动争议调解的申请、劳动争议调解的具体要求、劳动调解期限和调解协议的履行,特别是规定了对涉及金钱给付争议的支付令制度,这些都进一步强化了调解程序,从而有利于劳动争议在平和的气氛中得以解决。

2. 调解书的效力。国家为了及时高效地解决劳动争议,在下列法律及司法解释中赋予了劳动争议调解书的法律效力。

（1）《人民调解法》第31条第1款规定，经人民调解委员会调解达成的调解协议，具有法律约束力，当事人应当按照约定履行。

（2）《劳动争议调解仲裁法》第14条第1款、第2款规定，经调解达成协议的，应当制作调解协议书。调解协议书由双方当事人签名或者盖章，经调解员签名并加盖调解组织印章后生效，对双方当事人具有约束力，当事人应当履行。因支付拖欠劳动报酬、工伤医疗费、经济补偿或者赔偿金事项达成的调解协议，用人单位在协议约定期限内不履行的，劳动者可以持调解协议书依法向人民法院申请支付令。人民法院应当依法发出支付令。

（3）《最高人民法院关于人民调解协议司法确认程序的若干规定》第8条规定，人民法院经审查认为调解协议符合确认条件的，应当作出确认决定书。第9条规定，人民法院依法作出确认决定后，一方当事人拒绝履行或者未全部履行的，对方当事人可以向作出确认决定的人民法院申请强制执行。

综上，自劳动争议调解组织收到调解申请之日起15日内未达成调解协议的，当事人可以依法申请仲裁。达成调解协议后，一方当事人在协议约定期限内不履行调解协议的，另一方当事人可以依法申请仲裁。要实现劳动争议调解书的法律效力，可以通过以下途径，避免合同双方当事人的诉累：

（1）司法确认。双方当事人可以根据司法确认的有关规定共同申请人民法院对调解书进行确认，一方不履行义务时另一方可以申请人民法院强制执行。

（2）仲裁置换。双方当事人共同申请仲裁委员会根据调解协议书制作仲裁调解书。经劳动争议调解组织调解达成协议后，双方当事人可以共同向仲裁委员会提出置换仲裁调解书申请，由调解组织将置换申请连同调解协议一并递交仲裁委员会审查后，由仲裁委员会制作仲裁调解书送达双方当事人，仲裁调解书经双方当事人签收后，发生法律效力。

（3）具有一裁终局事项的劳动争议调解书，劳动者可以持调解协议书依法向人民法院申请支付令。人民法院应当依法发出支付令。

（二）劳动仲裁

劳动仲裁是指由劳动争议仲裁委员会对当事人申请仲裁的劳动争议居中的公断与裁决。在我国，劳动仲裁是劳动争议当事人向人民法院提起诉讼的必经程序。劳动仲裁需要注意以下事项：

1. 申请劳动仲裁的时效。按照《劳动争议调解仲裁法》的规定，提起劳动仲裁的一方应在当事人知道或者应当知道其权利被侵害之日起1年内向劳动争议仲裁委员会提出书面申请。除非当事人因不可抗力或有其他正当理由，否则超过法律规定的申请仲裁时效的，仲裁委员会不予受理。

2. 一裁终局的事项。

（1）追索劳动报酬、工伤医疗费、经济补偿或者赔偿金，不超过当地月最低工资标准 12 个月金额的争议。

（2）因执行国家的劳动标准在工作时间、休息休假、社会保险等方面发生的争议。

3. 仲裁裁决的撤销。《劳动争议调解仲裁法》第 49 条规定，用人单位有证据证明本法第 47 条规定的仲裁裁决有下列情形之一，可以自收到仲裁裁决书之日起 30 日内向劳动争议仲裁委员会所在地的中级人民法院申请撤销裁决：①适用法律、法规确有错误的；②劳动争议仲裁委员会无管辖权的；③违反法定程序的；④裁决所根据的证据是伪造的；⑤对方当事人隐瞒了足以影响公正裁决的证据的；⑥仲裁员在仲裁该案时有索贿受贿、徇私舞弊、枉法裁决行为的。人民法院经组成合议庭审查核实裁决有前款规定情形之一的，应当裁定撤销。仲裁裁决被人民法院裁定撤销的，当事人可以自收到裁定书之日起 15 日内就该劳动争议事项向人民法院提起诉讼。

（三）劳动诉讼

劳动争议诉讼是劳动争议当事人依法维护自身合法权益的最后程序。

1. 起诉的要件。起诉必须符合以下条件：

（1）原告是与本案有直接利害关系的公民、法人和其他组织；有明确的被告；有具体的诉讼请求和事实、理由。

（2）属于人民法院受理民事诉讼的范围和受诉人民法院管辖。起诉应当向人民法院递交起诉状，并按照被告人数提交起诉状副本。

（3）原告应预交案件受理费，如申请缓交、减交、免交的，要提出书面申请，并附有特困证明或其他材料等。

（4）当事人必须依法正确地行使诉讼权利，按法院的要求提供必须提供的诉讼材料。

2. 当事人应当提供的证据。

（1）劳动仲裁委员会的裁决书及送达日期。

（2）劳动关系的证明。如双方所签订的劳动合同，聘用、雇佣关系的证明；未签订劳动合同的，应提供工作起止日期及相关证明或者当事人其他协议等证明材料。

（3）当事人是公民的，应提供居民身份证明；是法人或者其他组织的，应提供营业执照、法定代表人身份证明或者负责人身份证明。

如果是因用人单位开除、除名、辞退职工而引起的劳动争议，还应提供以下证据：①企业开除、除名、辞退职工的决定通知等；②按企业内部规章制度处罚的，提供相应的规章制度；③职工违章违法的有关证据材料等；④职工的工资、奖金收入情况等；⑤涉及培训费的，用工单位必须提供支付培训费的具体依据及必须服务期限等。

3. 当事人可以向人民法院起诉的劳动纠纷范围。

（1）因用人单位开除、除名、辞退职工和职工辞职、自动离职而发生的争议；

（2）因执行国家有关工资、保险、福利、培训、劳动保护规定而发生的争议；

（3）因履行劳动合同而发生的争议；

（4）法律、法规规定应当依法处理的其他劳动争议。

4. 法院不受理的劳动争议案件。虽然劳动争议诉讼是劳动争议当事人依法维护自身合法权益的最后程序，但法院受理劳动争议案件也是有内容和程序上的要求的。对于以下这些情况的劳动争议案件法院不予受理：

（1）违反劳动仲裁前置规定。当事人向人民法院提起的劳动争议未经劳动争议仲裁这一必经的、强制性的劳动争议处理程序的，人民法院不予受理。

（2）当事人向人民法院提起劳动争议诉讼，超过了"15 天的起诉期限"的规定。当事人不服劳动争议仲裁委员会的仲裁，应当在自收到仲裁裁决之日起15 日内向人民法院提起诉讼，未提出起诉讼的，仲裁裁定已生效，对当事人的诉讼请求，人民法院不予受理。

（3）当事人提起的劳动争议诉讼，不属于该受诉法院管辖。劳动争议诉讼案件的管辖，应当由发生劳动争议的县、市辖区的人民法院管辖，当事人的劳动争议诉讼请求超过了受诉法院的管辖范围的，受诉的人民法院不予受理。

（4）当事人的诉讼请求不符合提起诉讼的条件的，人民法院不予受理。

训练任务

训练案例

【案例一】 　　　　　　　　**该案是劳动诉讼吗？**

肖先生与某科技公司签订了为期 8 年的劳动合同。双方约定，合同订立后，科技公司向肖先生免费提供两居室住房一套，若肖先生在科技公司工作满 8 年，住房产权归肖先生，否则房屋由科技公司收回。后肖先生工作不满 8 年就辞职了，公司表示同意。但肖先生没有将所住房屋退还，双方因此发生争议。经协商，肖先生与科技公司达成了购房协议。但肖先生一直没有支付房款。科技公司提起诉讼，要求肖先生给付房款并支付自解除劳动合同后房屋的租金。

【训练任务】1. 通过训练形成基本的法律思路，即分析纠纷时，首先要分析该纠纷是哪种法律关系的纠纷。

2. 针对该纠纷，法律解决途径有哪些？

【训练提示】1. 本案中双方对于解除劳动合同不存在争议。

2. 双方签订购房协议是双方的真实意思表示，合法有效，此后发生的纠纷应通过民事诉讼予以解决。

【案例二】 章某被辞案

太原市某电子有限责任公司员工章某，因工作与公司领导付经理产生矛盾，后来付经理成为章某的主管领导，他便借机对章某打击报复。2012年 12 月，工作表现优秀的章某被付经理以无法胜任工作为由辞退，当日，章某领到当月工资及被拖欠的前一个月的工资，但他发现工资明显低于自己的薪资，章某遂向劳动争议仲裁委员会申请仲裁，要求公司支付解除劳动关系经济补偿金。不料公司因此拒绝为章某办理失业登记所需手续。章某被逼无奈，又一并要求公司赔偿失业金损失。本案经过仲裁、一审、二审，法院最终支持了章某的全部请求。由本案可以看出：劳动诉讼是劳动者维权的重要途径。

【训练任务】1. 通过训练，掌握劳动纠纷发生后的法律解决途径。

2. 通过训练，明确劳动诉讼对于劳动者维权的重要意义。

【训练程序】1. 表演学生分为两组，一组扮演章某及其陪同者，一组扮演法律工作者。

2. 按照纠纷解决的阶段性问题递进咨询。

【训练提示】1. 劳动仲裁前置规定。当事人向人民法院提起的劳动争议未经劳动争议仲裁程序的，人民法院不予受理。

2. 当事人向人民法院提起劳动争议诉讼的时效规定。

3. 劳动诉讼的审级规定。

训练单元四　交通法律咨询

时代在进步，经济在发展，与此同时，随着我国机动车保有量的不断增加，交通事故的绝对数量也在增加。处理好交通事故，协调各方的权利义务是法律咨询者的重要工作任务之一。近年来，有关交通事故的规定逐渐规范、统一，立法等级也大大提高，《侵权责任法》、《道路交通安全法》都是全国人大常委会制定的交通方面的法律。除了这两部法律外，最高人民法院2003年颁布的《关于审理人身损害赔偿案件适用法律若干问题的解释》和2012年颁布的《关于审理道路交通事故损害赔偿案件适用法律若干问题的解释》以及2006年国务院颁布的《机动车交通事故责任强制保险条例》是解决交通事故纠纷的框架性法律文件，这些规定是一名法律工作者必须全面掌握的。

知识储备

一、交通事故认定

（一）什么是交通事故？

交通事故是指车辆在道路上因过错或者意外造成的人身伤亡或者财产损失的事件。这里的"车辆"是指机动车和非机动车；这里的道路是指公路、城市道路和虽在单位管辖范围但允许社会机动车通行的道路，包括广场、公共停车场等用于公众通行的场所。在交通事故中，责任人主观上必须表现为非故意，即因过失或意外。如果行为人出于故意伤害他人或造成他人财产损失的目的，则该行为已不属于交通事故法律、法规所调整的范围，而属于违法犯罪行为，应由刑法等法律调整。如故意撞人的就不属于交通事故，而有可能构成故意伤害或故意杀人。

交通事故的构成要件有：①必须是由道路上的车辆造成的；②交通事故发生在交通工具运行过程之中；③交通事故须有损害结果，也就是说造成了人身损害或财产损害，否则只是交通违章行为；④主观上不具有故意，即有过失或虽没有过失但依法应承担责任。

（二）交通事故认定书

交通事故认定书是由公安机关交通管理部门以交通事故现场勘验、检查、调查情况和有关的检验、鉴定结论为根据，认定交通事故当事人责任的一种法律文书。它既是公安机关交通管理部门处理交通事故的证据，也是当事人就民事损害赔偿问题向法院提交的重要证据。

公安机关交通管理部门对经过勘验、检查现场的交通事故应当自勘查现场之日起10日内制作交通事故认定书。交通肇事逃逸的，在查获交通肇事逃逸人和车辆后10日内制作交通事故认定书。对需要进行检验、鉴定的，应当在检验、鉴定或者重新检验、鉴定结果确定后5日内制作交通事故认定书。

交通事故认定书应当载明以下内容：①交通事故当事人、车辆、道路和交通环境的基本情况；②交通事故的基本事实；③交通事故证据及形成原因的分析；④当事人导致交通事故的过错及责任或者意外原因。

交通事故认定书应当加盖公安机关交通管理部门交通事故处理专用章，分别送达当事人，并告知当事人申请公安机关交通管理部门调解的期限和直接向人民法院提起民事诉讼的权利。未查获交通肇事逃逸人和车辆，交通事故损害赔偿当事人要求出具交通事故认定书的，公安机关交通管理部门可以在接到交通事故损害赔偿当事人的书面申请后10日内制作交通事故认定书，载明交通事故发生的时间、地点、受害人情况及调查得到的事实，有证据证明受害人有过错的，确定受害人的责任；无证据证明受害人有过错的，确定受害人无责任，并送达交通事故损害赔偿当事人。对无法查证交通事故事实的，公安机关交通管理部门制作交通事故认定书，应载明交通事故发生的时间、地点、当事人情况及调查得到的事实，分别送达当事人。

《道路交通安全法》规定，公安机关交通管理部门根据交通事故现场勘验、检查、调查情况和有关的检验、鉴定结论，制作交通事故认定书，作为处理交通事故的证据。可见，道路交通事故认定书属于处理交通事故的证据。如果法院在审理损害赔偿案件中，认为事故认定书责任划分有误，法院可依职权重新认定各自的责任。

（三）交通事故归责原则

根据《道路交通安全法》规定，机动车之间发生交通事故的，由有过错的一方承担责任；双方都有过错的，按照各自过错的比例分担责任。机动车与非机动车驾驶人、行人之间发生交通事故的，由机动车一方承担责任；但是，有证据证明非机动车驾驶人、行人违反道路交通安全法律、法规，机动车驾驶人已经采取必要处置措施的，减轻机动车一方的责任。交通事故的损失是由非机动车驾驶人、行人故意造成的，机动车一方不承担责任。由此可见，交通事故归责原则对机动车采用的是无过错责任原则。

（四）交通事故责任划分

1. 全部责任。因一方当事人的过错导致交通事故的，承担全部责任；当事人逃逸，造成现场变动、证据灭失，公安机关交通管理部门无法查证交通事故事实的，逃逸的当事人承担全部责任；当事人故意破坏、伪造现场、毁灭证据的，承担全部责任。

2. 同等责任、主要责任和次要责任。因两方或者两方以上当事人的过错发生交通事故的，根据其行为对事故发生的作用以及过错的严重程度，分别承担主要责任、同等责任和次要责任。

3. 无责任。各方均无导致交通事故的过错，属于交通意外事故的，各方均无责任；一方当事人故意造成交通事故的，他方无责任。

此外，交通事故认定书对于事故原因、责任等无法作出认定的，人民法院应当根据双方的举证情况确定具体的赔偿责任。

二、机动车交通事故责任强制保险

机动车交通事故责任强制保险，是指由保险公司对被保险机动车发生道路交通事故造成本车人员、被保险人以外的受害人的人身伤亡、财产损失，在责任限额内予以赔偿的强制性责任保险。

根据《机动车交通事故责任强制保险条例》的规定，对于下列损失和费用，交通事故责任强制保险不负责赔偿和垫付：①因受害人故意造成的交通事故的损失；②被保险人所有的财产及被保险机动车上的财产遭受的损失；③被保险机动车发生交通事故，致使受害人停业、停驶、停电、停水、停气、停产、通讯或者网络中断、数据丢失、电压变化等造成的损失以及受害人财产因市场价格变动造成的贬值、修理后因价值降低造成的损失等其他各种间接损失；④因交通事故产生的仲裁或者诉讼费用以及其他相关费用。

三、交通事故赔偿

（一）交通事故赔偿项目

1. 医疗费。根据医疗机构出具的医药费、住院费等收款凭证，结合病历和诊断证明等相关证据确定。赔偿义务人对治疗的必要性和合理性有异议的，应当承担相应的举证责任。

医疗费的赔偿数额，按照一审法庭辩论终结前实际发生的数额确定。器官功能恢复训练所必要的康复费、适当的整容费以及其他后续治疗费，赔偿权利人可以待实际费用发生后另行起诉。但根据医疗证明或者鉴定结论确定必然发生的费用，可以与已经发生的医疗费一并予以赔偿。

相应的证据主要有住院费收据、住院费明细表、医疗费收据、医疗处方、诊断证明书、转院证明等。

2. 误工费。根据受害人的误工时间和收入状况确定。误工时间根据受害人接受治疗的医疗机构出具的证明确定。受害人因伤致残持续误工的，误工时间可以计算至定残日前一天。

证明误工费的证据主要包括交通事故受害人所在单位开具的误工证明、工资单、纳税证明等。

受害人有固定收入的，误工费按照实际减少的收入计算。受害人无固定收入的，按照其最近3年的平均收入计算；受害人不能举证证明其最近3年的平均收入状况的，可以参照受诉法院所在地相同或者相近行业上一年度职工的平均工资计算。

3. 护理费。根据护理人员的收入状况和护理人数、护理期限确定。护理人员有收入的，参照误工费的规定计算；护理人员没有收入或者雇佣护工的，参照当地护工从事同等级别护理的劳务报酬标准计算。护理人员原则上为1人，但医疗机构或者鉴定机构有明确意见的，可以参照确定护理人员人数。

护理期限应计算至受害人恢复生活自理能力时止。受害人因残疾不能恢复生活自理能力的，可以根据其年龄、健康状况等因素确定合理的护理期限，但最长不超过20年。

护理费的证据应当包括医疗机构出具的需要护理的诊断证明、当地护工从事同级别的劳务报酬标准或者护理人员收入减少的证明、向护理人员支付工资的证明等。

4. 交通费。根据受害人及其必要的陪护人员因就医或者转院治疗实际发生的费用计算。交通费应当以正式票据为凭；有关凭据应当与就医地点、时间、人数、次数相符合。

5. 住院伙食补助费。可以参照当地国家机关一般工作人员的出差伙食补助标准予以确定。受害人确有必要到外地治疗，因客观原因不能住院，受害人本人及其陪护人员实际发生的住宿费和伙食费，其合理部分应予赔偿。证明住院伙食的证据主要是住院费收据。住院费收据上记载了住院期间，住院1天就应当赔偿1天的住院伙食补助费。

6. 营养费。根据受害人伤残情况参照医疗机构的意见确定。

7. 残疾赔偿金和伤残评定费。受害人在治疗终结后，可向公安交通管理机关申请伤残评定，或者在诉讼中向人民法院提出伤残鉴定申请，获得批准后，持鉴定委托书的申请人携带医院的诊断证明及出院证明及相关检查报告等相关材料前往批准机关指定的医疗鉴定机构进行鉴定。法医于评定材料齐备后20日内作出《伤残评定书》。

残疾赔偿金的计算：根据受害人丧失劳动能力程度或者伤残等级，按照受诉法院所在地上一年度城镇居民人均可支配收入或者农村居民人均纯收入标准，自定残之日起按20年计算。但60周岁以上的，年龄每增加1岁减少1年；75周岁以上的，按5年计算。

受害人因伤致残但实际收入没有减少，或者伤残等级较轻但造成职业伤害严重影响其劳动就业的，可以对残疾赔偿金作相应调整。

证明伤残赔偿金和伤残评定费的证据包括：受诉法院所在地统计局关于上一年度城镇居民人均可支配收入（农村居民的，以农村居民人均纯收入）的统计数据，或者受伤人员住所地或者经常居住地统计局关于上一年度城镇居民人均可支配收入（农村居民的，以农村居民人均纯收入）的统计数据（以高者为准）、伤残评定结论、伤残重新评定结论和伤残评定费收据。

8. 残疾辅助器具费。按照普通适用器具的合理费用标准计算。伤情有特殊需要的，可以参照辅助器具配制机构的意见确定相应的合理费用标准。辅助器具的更换周期和赔偿期限参照配制机构的意见确定。

证明残疾辅助器具费的证据包括县级以上医院对伤者需要残疾辅助器具的证明、省级民政部门指定的国产普及型器具的价格标准、假肢配置机构对义肢的更换周期和赔偿期限的证明等。

9. 丧葬费。按照受诉法院所在地上一年度职工月平均工资标准，以6个月总额计算。当事人只需提供死亡证明即可。

10. 被扶（抚）养人生活费。根据扶（抚）养人丧失劳动能力程度，按照受诉法院所在地上一年度城镇居民人均消费性支出和农村居民人均年生活消费支出标准计算。被抚养人为未成年人的，计算至18周岁；被扶养人无劳动能力又无其他生活来源的，以20年计算。但60周岁以上的，年龄每增加1岁减少1年；75周岁以上的，按5年计算。

证明被扶（抚）养人生活费的证据包括：村委会、居民委员会、所在单位或者派出所出具的家庭情况证明，被扶（抚）养人的户籍卡及复印件。

11. 死亡赔偿金。按照受诉法院所在地上一年度城镇居民人均可支配收入或者农村居民人均纯收入标准，按20年计算。但60周岁以上的，年龄每增加1岁减少1年；75周岁以上的，按5年计算。

赔偿权利人举证证明其住所地或者经常居住地城镇居民人均可支配收入或

者农村居民人均纯收入高于受诉法院所在地标准的，残疾赔偿金或者死亡赔偿金可以按照其住所地或者经常居住地的相关标准计算。

死亡赔偿金的证据：死亡证明书。

12. 财产损失的实际赔偿金额。

（1）直接财产损失赔偿。直接财产损失是指因交通事故而损坏的车辆、物品、建筑设施、交通设施等丧失了全部或部分使用价值而造成的损失，在交通事故中因牲畜死亡或者受伤所遭受的损失也是直接财产损失。对直接财产损失，应当按照损失的大小予以赔偿，即损失了多少就赔偿多少。

（2）间接财产损失。间接财产损失是因交通事故而损失的可期待利益，它不是受害者现有财产的减少或者损毁，而是如果不发生交通事故当事人就必然会获得的利益。对于间接财产损失，由于不是现有财产的减损，因此通常情况下根据可能获得的利益大小来确定其可能受到的损失，同时还要参考其他因素来确定具体的赔偿金额。

（3）车辆停运损失费。车辆停运损失费属于"间接财产损失"的一种，只是由于其在间接财产损失中最常见，所以单列一项予以说明。

13. 精神损害赔偿。交通事故对受害者及其近亲属带来的精神伤害可能要远远大于其所受到的财产损失，而当事人在起诉时都有可能附带请求精神损害赔偿。如何正确引导当事人处理好交通事故损害赔偿案件，尤其是如何确定精神损害赔偿的范围，对保护当事人的合法权益至关重要。

根据《最高人民法院关于确定民事侵权精神损害赔偿责任若干问题的解释》第1条第1款的规定，自然人因人格权利遭受非法侵害，向人民法院起诉请求赔偿精神损害的，人民法院应当依法予以受理。但是，司法解释赋予了法院对精神损害赔偿数额的自由裁量权。由于没有明确赔偿数额如何计算、也无最高或最低限额的规定，事实上增加了精神损害问题处理的难度。

（二）交通事故赔偿程序

机动车发生交通事故造成人身伤亡、财产损失的，由保险公司在机动车第三者责任强制保险责任限额范围内予以赔偿。超过责任限额的部分，按照下列方式承担赔偿责任：

1. 机动车之间发生交通事故的，由有过错的一方承担责任；双方都有过错的，按照各自过错的比例分担责任。

2. 机动车与非机动车驾驶人、行人之间发生交通事故的，由机动车一方承担责任；但是，有证据证明非机动车驾驶人、行人违反道路交通安全法律、法规，机动车驾驶人已经采取必要处置措施的，减轻机动车一方的责任。交通事故的损失是由非机动车驾驶人、行人故意造成的，机动车一方不承担责任。

四、交通事故赔偿调解

根据《道路交通安全法实施条例》第 94 条的规定，当事人对交通事故损害赔偿有争议，各方当事人一致请求公安机关交通管理部门调解的，应当在收到交通事故认定书之日起 10 日内提出书面调解申请。交通事故致死的，调解从办理丧葬事宜结束之日起开始；交通事故致伤的，调解从治疗终结或者定残之日起开始；交通事故造成财产损失的，调解从确定损失之日起开始。

根据《道路交通安全法实施条例》第 95 条第 1 款的规定，公安机关交通管理部门调解交通事故损害赔偿争议的期限为 10 日。调解达成协议的，公安机关交通管理部门应当制作调解书送交各方当事人，调解书经各方当事人共同签字后生效；调解未达成协议的，公安机关交通管理部门应当制作调解终结书送交各方当事人。

根据《道路交通安全法实施条例》第 96 条的规定，对交通事故损害赔偿的争议，当事人向人民法院提起民事诉讼的，公安机关交通管理部门不再受理调解申请。公安机关交通管理部门调解期间，当事人向人民法院提起民事诉讼的，调解终止。

根据上述规定可知，发生交通事故后交警的调解不是强制的，而是自愿的，是在双方当事人均提出申请的情形下进行的。如果一方当事人不同意调解，则不进行调解；如果一方当事人已经向法院起诉，则不予调解；如果调解中一方起诉，则终止调解。另外，受理调解申请后，应在 10 日内作出处理结果。

五、交通事故纠纷的诉讼

（一）管辖法院的确定

交通事故发生后，赔偿权利人与赔偿义务人因人身损害赔偿协商不成，最终走向诉讼解决纠纷时，选择向哪一个法院提起诉讼特别重要，因为对于同一事故，不同地方法院的判决结果可能相差甚远。

交通事故损害赔偿案件是典型的侵权案件，《民事诉讼法》第 28 条规定，因侵权行为提起的诉讼，侵权行为地或者被告住所地人民法院都有管辖权。而根据《最高人民法院关于审理人身损害赔偿案件适用法律若干问题的解释》的规定，以下赔偿项目将按照受诉法院所在地的赔偿标准计算：

1. 残疾赔偿金根据受害人丧失劳动能力程度或者伤残等级，按照受诉法院所在地上一年度城镇居民人均可支配收入或者农村居民人均纯收入标准，自定残之日起按 20 年计算。

2. 被扶养人生活费根据扶养人丧失劳动能力程度，按照受诉法院所在地上一年度城镇居民人均消费性支出和农村居民人均年生活消费支出标准计算。

3. 丧葬费按照受诉法院所在地上一年度职工月平均工资标准，以 6 个月总额计算。

4. 死亡赔偿金按照受诉法院所在地上一年度城镇居民人均可支配收入或者农村居民人均纯收入标准，按 20 年计算。

因此，受诉地法院具有可选择性，可选择侵权行为地或者被告住所地，选择管辖地带来地域的差别，将直接导致赔偿标准的差别。

（二）诉讼所需证据

包括交通事故认定书、伤残鉴定书、医疗费单据、交通费单据、住宿费单据、营养费单据、辅助器具费单据、诊断证明、出院证明、护理费证明、误工证明、后期治疗费证明、被扶养人情况证明、车损物损证明，如果有死亡的还需要死亡证明。

六、解答交通事故方面咨询需要掌握的法律、法规

（一）《道路交通安全法》

《道路交通安全法》旨在维护道路交通秩序，预防和减少交通事故，保护人身安全，保护公民、法人和其他组织的财产安全及其他合法权益，提高通行效率。它是 2003 年 10 月 28 日第十届全国人民代表大会常务委员会第五次会议通过的，并于 2004 年 5 月 1 日起施行，2007 年 12 月 29 日进行了第一次修正，2011 年 4 月 22 日进行了第二次修正。

（二）《侵权责任法》

2009 年 12 月 26 日，《侵权责任法》经第十一届全国人民代表大会常务委员会第十二次会议审议通过，于 2010 年 7 月 1 日起实施。它对包括生命权、健康权、隐私权、专利权、继承权等一系列公民的人身、财产权利提供全方位保护，在接受交通事故咨询时要注意《侵权责任法》与《道路交通安全法》的竞合问题。

（三）《最高人民法院关于审理道路交通事故损害赔偿案件适用法律若干问题的解释》

该解释于 2012 年 9 月 17 日由最高人民法院审判委员会第 1556 次会议通过，自 2012 年 12 月 21 日起施行。该解释主要针对以下几方面突出的问题作出规定：

1. 在责任主体及其责任范围的判断上，如何根据现行法律准确认定责任主

体及其责任范围，统一裁判尺度。

2. 交强险制度的建立和商业第三者险的逐步普及，致使此类案件在法律关系上具有复杂性。如何针对不同的法律关系适用相应的法律规范，需要明确裁判依据。

3. 结合我国的现实国情，在依法保障受害人权益的前提下，如何为相关行业及其他道路交通参与人提供必要的发展空间和行为自由，需要平衡各方利益。

4. 在依法保障各方当事人实体权利和诉讼权利的目标下，如何为当事人提供具有实效性的一次性诉讼纠纷解决机制、减少当事人的诉累。

此外，其他需要掌握的法律法规主要有《保险法》、《合同法》、《机动车交通事故责任强制保险条例》、《道路交通事故处理程序规定》等。

七、接受咨询注意事项

1. 认真听取当事人的陈述，了解事故处理的程度。

2. 了解事故是否经过了交警部门的处理并出具了《交通事故认定书》。

3. 了解受害人现状，是否作了伤残等级鉴定。

4. 除事故的直接责任人外，是否还有其他间接责任人需要追究责任。

5. 了解肇事车辆的投保情况。

训练任务

通过常见交通事故纠纷的咨询训练，培养学生掌握在遇到这类纠纷时的接待能力；培养学生分析交通事故法律关系的能力，能够熟练运用相关法律知识，为咨询者提供全面、准确的法律服务。

训练任务一　交通事故中受害方应获赔偿额的计算

交通事故发生后，受害方如何要求赔偿、向谁主张赔偿及赔偿数额的计算，是交通事故咨询的主要内容，对此，法律工作者要明确交通事故的后果：有无造成人员伤亡、具体伤亡情况、车主的基本情况、驾驶人员的基本情况，然后根据交通法律给予解答。另外，对于车主、驾驶人员方面的咨询，同样需要掌握以上内容。

訓练案例

【案例一】　　　　　**温某交通事故受伤索赔案**

李某酒后驾驶货车与温某驾驶的摩托车相撞，造成温某受伤及车辆损坏。交警认定李某、温某承担事故的同等责任。李某给货车投有交强险。温某受伤后住院治疗 24 天，花去医疗费 7896.71 元，前后共接受护理 40 天，并被确定为一级伤残。温某无固定工作，温某所在省上一年度职工平均的工资是 15 590 元/年。温某是农村户籍，但其多年来一直在外务工。该事故发生在山西省。

【训练任务】　通过这个案例的训练使学生掌握在交通事故中受伤人员应获赔偿额的计算方法；掌握计算数据的查找方法；掌握城镇居民、农村居民的认定方法。

【训练程序】　1. 学生计算该案的赔偿额。

2. 教师点评。

【训练提示】　1. 城镇居民、农村居民的认定一般是以户籍为依据。户籍为农村但长期在城镇居住的按城镇居民对待，但应当提供派出所或居委会的证明，这样处理的依据是《最高人民法院民一庭关于经常居住地在城镇的农村居民因交通事故伤亡如何计算赔偿费用的复函》（［2005］民他字第 25 号）。

2. 残疾赔偿金的计算以作了伤残等级鉴定为前提，在伤残等级鉴定双方没有异议的情况下可以计算残疾赔偿金的数额。计算残疾赔偿金，以该省一级上一年度城镇居民可支配收入或农村居民人均纯收入为依据，这些数据要从该省统计公报上获得，而一个省关于上一年统计数据的公报一般在来年的 5 月份才能公布出来，所以在实践中，1~5 月份用的统计数据并不是上一年度的统计数据，而是上上一年度的统计数据，只有 5 月份以后才能使用上一年度统计数据进行计算。

【案例二】　　　　　**王某女儿交通事故死亡索赔案**

孙某驾驶私家小客车与王某所骑自行车相撞，导致乘坐在自行车后侧的王某 27 岁的女儿小王死亡。小王与男友同居多年育有两子，但没有领结婚证，小王还有父母及一个姐姐、一个弟弟，公安部门认定孙某负事故的主要责任，王某负事故的次要责任。交通事故的发生地是在山西省，王某女儿是城镇居民，根据 2012 年山西省的统计数据，城镇居民人均可支配收入为 20 411.7 元，城镇单位在岗职工年均工资为44 236元。孙某的车上有交强险。

【训练任务】通过这个案例的训练使学生掌握在交通事故中死亡的受害人的亲属应获赔偿额的计算方法；掌握可以获得赔偿的被害人的亲属的范围。

【训练程序】1. 学生计算该案的赔偿额。

2. 教师点评。

【训练提示】1. 计算死亡赔偿金依据的是上一年度其所在省份城镇居民可支配收入或农村居民人均纯收入，数据来源是其所在省的统计公报。

2. 丧葬费是 6 个月的上一年度城镇单位在岗职工月均工资。

3. 死亡的被害人的近亲属可以获得赔偿，近亲属的范围是配偶、子女、父母，兄弟姐妹不属于可以获得赔偿的近亲属的范围，只有当被害人没有配偶、子女、父母时，兄弟姐妹才有权利获得赔偿。本案中小王虽与男友同居多年并育有两子，但由于没有领结婚证，在法律上不是配偶，所以小王男友没有权利获得赔偿。

【案例三】　　　　　　　桂某被扶养人生活费索赔案

桂某乘坐黄某的人力三轮车与陈某驾驶的变形拖拉机在会车时与廖某堆放在马路上砖石相触，导致侧翻，造成黄某受伤、桂某死亡的交通事故。交警大队对该起事故进行责任认定，黄某负事故主要责任，陈某及廖某在本起事故中承担次要责任，死者桂某不承担责任。桂某有兄弟 5 人，桂某生前的被扶养人是桂某的父亲（1933 年 5 月 25 日生）和母亲（1940 年 11 月 29 日生）。

【训练任务】通过这一案例的训练使学生掌握被扶养人生活费的计算方法。

【训练提示】1. 被扶养人生活的计算依据是城镇居民人均消费性支出或农村居民人均生活消费支出，数据的来源是其所在省份的统计公报。

2.《最高人民法院关于审理人身损害赔偿案件适用法律若干问题的解释》第 28 条第 2 款规定，扶养人为一人，被扶养人为数人时，那么赔偿义务人的年赔偿总额累计不超过上一年度农村居民人均年生活消费支出额，即不管被扶养人有多少，只要支付一份即可。

3. 扶养人、被扶养人都为数人时，应该将死者那一份扶养费先计算出来，然后加上被扶养人的人数。此时赔偿义务人的年赔偿总额累计应不超过上一年度农村居民人均年生活消费支出额，对于超出部分不予支持。例如，本案中桂某有兄弟 5 人，桂某只应承担1/5 的扶养责任，父亲 1/5 的扶养费加上母亲 1/5

的扶养费，如不超过上一年度农村居民人均年生活消费支出额，则事故责任人应该承担，超过的部分可以不承担。

训练任务二 发生交通事故后保险公司的理赔

近年来我们国家私家车的发展速度急剧膨胀，一方面汽车给人们带来的便利是不言而喻的；但是另一方面，汽车在行驶过程中难免会发生碰撞、倾覆等意外事故。因为有这种风险存在，所以促成了车辆保险行业的诞生和发展。为此，在接受交通事故咨询时，常常遇到保险公司理赔的相关问题，通过保险理赔案件的训练，学生应当明确发生交通事故后保险公司的理赔规定。

训练案例

【案例一】 **施某无证驾驶理赔案**

施某无证驾驶两轮摩托车与张某驾驶的两轮摩托车相撞，造成张某重伤经抢救无效死亡、两车不同程度受损的交通事故。施某负事故全部责任。施某所驾两轮摩托车分别在两家保险公司投保了交通事故责任强制保险和商业第三者险。张某的亲属以施某以及投保交强险和商业第三者险的保险公司为被告提起诉讼。一方面，保险公司认为自己不是事故的一方责任人，不应被列为被告；另一方面，保险公司认为施某系无证驾驶，保险公司不承担民事赔偿责任。

【训练任务】 通过本案例的训练让学生充分体会交强险的社会保障性质、交强险与商业第三者险性质上的不同以及由此导致的两种险在赔偿要求上的不同；通过诉讼维护权益时要将所有责任人全部列为被告，不能有遗漏。

【训练程序】 1. 教师介绍现场咨询模拟训练的场景。

2. 指定 4 名学生模拟现场咨询情境。

3. 其余学生点评学生接待当事人的礼仪、法律咨询时存在的问题。

4. 教师总结、点评。

【训练提示】 1. 保险公司虽然不是交通事故的一方责任人，但是在交通事故的侵权赔偿诉讼中可以将保险公司列为被告。因为，根据《保险法》及《机动车交通事故责任强制保险条例》的规定，交通事故受害方可以直接要求承保了第三者责任险的保险公司给予赔偿。

2.《机动车交通事故责任强制保险条例》第 22 条规定，对于无证驾驶机动车而发生道路交通事故的，保险公司仅是对受害人的财产损失不承担赔偿责任，并未规定保险公司对受害人的人身损害不承担赔偿责任。在交强险中，保险公司承担无过错责任，即只要投保交强险的机动车辆发生了交通事故，导致第三者的人身伤亡，保险公司就应该在责任限额范围内承担赔偿责任，而不论交通事故当事人各方是否有过错以及过错程度如何。

无证驾驶、醉酒驾驶、肇事后逃逸是公众熟知的严重违章行为，因这类行为发生交通事故致人损害，在保险理赔方面一般都困难重重。商业第三者责任险不能获赔几乎已成定论。但在交强险方面却不同，这是由交强险的性质决定的。

【案例二】 　　　　　　　　　　**张某保险理赔案**

张先生驾驶一辆价值130多万元的宝马车在高速公路上行驶时，路边山上一块石头突然坠落，导致车子被撞得面目全非，张先生严重受伤，经鉴定构成9级伤残，并花去医疗费8万多元。事故发生后，张先生家人马上向保险公司报案，经共同核定车辆损失为68万元。交警部门认定：张先生驾驶车辆在高速公路上正常行驶，无造成事故的违法行为；造成事故的根本原因是山上石块坠落砸中驾驶室，直接导致车辆失控碰撞护栏。

此后，张先生和高速公路公司交涉此事。经过协商，双方签订协议书：确认此次交通事故为意外事故，双方均无过错，高速公路公司同意一次性补偿张先生23.8万元，其余损失和费用由张先生自负；张先生承诺得到补偿后，因本起事故或今后所产生的任何费用均与高速公路公司无关，不再追究其他补偿或责任。高速公路公司付了钱。

此后，张先生又从保险公司获赔保险金54.8万元，其中家用汽车损失险53.8万元、驾驶人伤亡责任险1万元。

但让人想不到的是，后来保险公司又将张先生告上法庭要求其退还所有保险金，法院支持了保险公司的请求。

【训练任务】 1. 组织学生讨论为什么法院会支持保险公司的保险金返还请求。

2. 组织学生研究分析保险理赔程序的重要性。

【训练程序】 1. 学生分析案例后，提交保险公司的保险金返还要求的法律依据。

2. 教师点评。

【训练提示】 1. 根据相关规定，保险公司有"代位求偿权"。"代位求偿权"是一种转移的请求权，是指在财产保险中，保险人在补偿被保险人的损失后，如果第三人对保险标的的损失，根据法律或合同规定应承担赔偿责任，被保险人应将对该第三人享有的赔偿请求权转移给保险人，由保险人代位行使。保险人所取得的这项权利就是"代位求偿权"。本案中高速公路公司对该路段山坡没有采取有效的护坡措施和隔离措施，有过错。张先生和高速公路公司签订的协议书中约定的内容是本案事故双方所涉及的全部相关义务的处置，这种处置使保险公司的代位求偿权丧失，《保险法》中明确规定，保险事故发生后，保险人未赔偿保险金之前，被保险人放弃对第三者的请求赔偿权利的，保险人不承担赔偿保险金的义务。所以保险公司保险金的返还请求得到了法院支持。但保险公司赔给张先生的1万元伤亡责任险属人身保险，无权要求返还。

2. 出了事故，索赔时要多长个心眼，防止走错索赔程序。作为普通百姓，对保险理赔相关条款有诸多误区。许多人像张先生一样，认为"我付了保费，出了险，你保险公司赔我钱是天经地义的事"，却不知保险合同大多是格式条款，其中隐藏着诸如酒后驾车"不计免赔"等条款。张先生如果清楚地理解保险法中隐藏的"代位求偿权"规定，那么他明智的选择应该是先找保险公司赔偿，然后再找高速公路公司要求补偿。

【案例三】 李某交通事故案

李某驾驶自己的轿车将一行人撞伤，李某首先拨打了120急救电话，然后又拨打110报警，最后拨打了自己投保的保险公司的电话，向保险公司报告了事故的发生。交警到现场进行了勘查，保险公司到现场定损后，李某到医院给受伤者垫付了医疗费。一段时间后，交警作出了"交通事故责任认定书"，李某到交警部门领取了该责任认定书，伤者痊愈后李某结清了医疗费用，并与伤者一起向交警部门申请调解，在交警的调解下双方达成了赔偿协议。随后李某拿着相关票据及调解协议到保险公司理赔，并顺利得到了理赔。

【训练任务】通过这一案例的训练，使学生明确发生交通事故后不要惊慌，更不能逃逸，只要掌握了发生交通事故后处理事故的基本方法和程序，运用这些方法按照程序一步步妥善解决问题，尤其是当自己的车投保了交强险时，只要处理得当，在一般的交通事故中责任人并不会有多大的损失。

【训练提示】交通事故发生后，向保险公司索赔是重要的一环，在索赔过程中要学会运用必要的方法和技巧：

1. 及时报案。《保险法》第21条规定："投保人、被保险人或者受益人知道保险事故发生后，应当及时通知保险人。……"因此，发生交通事故后除了向交管部门报案外，慌乱中千万别忘记还要及时向保险公司报案。

2. 积极施救。《保险法》第57条规定："保险事故发生时，被保险人应当尽力采取必要的措施，防止或者减少损失。保险事故发生后，被保险人为防止或者减少保险标的的损失所支付的必要的、合理的费用，由保险人承担；保险人所承担的费用数额在保险标的损失赔偿金额以外另行计算，最高不超过保险金额的数额。"根据上述规定，投保人应努力减少事故造成的损失，对于放任、故意扩大保险事故的损失，经证实的，保险人不负赔偿责任。

3. 主动协助调查。《保险法》第22条第1款规定："保险事故发生后，按照保险合同请求保险人赔偿或者给付保险金时，投保人、被保险人或者受益人应当向保险人提供其所能提供的与确认保险事故的性质、原因、损失程度等有关的证明和资料。"所以，要积极协助保险公司对车辆查勘、照相、定损。

4. 及时了解理赔程序及大约数额。发生事故后要主动多与保险公司进行沟通，了解哪些能赔、哪些不能赔，尽量减少损失。在找救援公司拖车、找修理厂修车时，关于价格要与保险公司及时沟通，以免对方开价与保险公司的赔偿相差太远；如果发现定损时没有发现的车辆损失，应及时通知保险公司，由保险公司进行第二次查勘定损，这笔额外的损失就不用自己埋单了；因保险事故车辆受损需要修理的，应当就修理项目、修理方式和费用与保险公司沟通，若客户自行修理，保险公司会重新核定甚至拒绝赔偿。

5. 不走极端，以利益最大化为标准，决定是否向保险公司报案。在索赔的过程中最大的误区表现为两个极端：一类是因怕麻烦，觉得向保险公司报案索赔耽误时间，所以就自己私了，结果等双方发生争执后再寻求保险公司的赔偿就已经不可能了；另一类是刮蹭点油漆要赔，碰了个车灯要赔，结果是搞得自己麻烦不说，还有可能导致自己车辆的费率被调高。因为，小的车损自己承担后，在保险公司的记录中出险率低，就会享受低费率的优惠。

训练任务三　交通事故纠纷诉讼的方法、技巧

交通事故发生后，当事人起诉前应该准备哪些证据、选择哪个法院管辖、适用哪个法律、如何进行诉讼，直接关系着当事人的便利和赔付数额。因此交通事故案件的诉讼有很多技巧，通过该部分的训练，使学生能够更好地提供法律咨询、维护当事人的合法权益。

训练案例

【案例一】 　　　　　　　　　　雇工赔偿案

　　刘某是周某汽车修理店的学徒工，每月有工资 2300 元。一天周某因事外出，交待刘某等人看好店，打理一下业务。丁某来到周某汽车修理店，请刘某到其家中修理农用车。刘某即骑自己的摩托车与丁某一起来到其家中，经检查，丁某的农用车坏了齿轮，需回店里拿配件，由于刘某的摩托车没有油，丁某就向同村村民江某借了一辆无牌摩托车给刘某，刘某从江某处骑上该摩托车在返回汽车修理店途中将前方同向骑自行车的王某撞伤，交警部门认定刘某负事故的全部责任。在检察机关对刘某因犯交通肇事罪被提起公诉的诉讼过程中，王某的亲属提起了附带民事诉讼，要求周某赔偿各项损失合计184 823元。经周某申请，法院追加了刘某和江某为附带民事诉讼被告。

【训练任务】 1. 通过本案例训练，学生应学会正确分析当事人之间的法律关系，确定每个人应当承担的责任。

　　2. 通过诉讼处理问题时，原告应将所有责任人全部列为被告，不应该有遗漏。

【训练程序】 1. 教师介绍现场咨询模拟训练的场景。

　　2. 指定 4 名学生模拟现场咨询情境。

　　3. 其余学生点评学生接待当事人的礼仪、法律咨询时存在的问题。

　　4. 教师总结、点评。

【训练提示】 1. 王某的亲属没有将刘某和江某列为被告是一个失误，周某申请追加是很正确的。

　　2. 周某与刘某是雇佣关系，刘某外出修理汽车和借用摩托车的行为系从事雇佣活动，周某与刘某应承担连带赔偿责任。

　　3. 刘某与江某是借用关系，江某出借车时没有审查刘某是否具有驾驶证便将摩托车借给无证的刘某使用，没有尽到严格审查义务，应承担与其过失相当的赔偿责任。

　　4. 周某与丁某之间是承揽合同关系，丁某无过错，不承担民事赔偿责任。

【案例二】 　　　　　　　　　　法律竞合案

　　某市一辆公交客车刚出站，一辆小货车疾驶而来，眼看两车就要相撞，公交车司机紧急刹车。交警认定小货车司机负主要责任，公交车司机负次要责任。张某当时乘坐这辆公交车，她已怀孕两月，随着紧急刹车，她的身体也猛地向前一倾，当时她虽觉腹部有些疼痛，但未加理会。后来情况却严重起来，当天她只好在妹妹陪伴下到医院检查。次日晚上她流产了，花去了一千多元医疗费。一个月以后，张某手持一张 1 元钱车票和一千多元医药费单据，找到公交公司索赔。称公交车的那次事故造成她腹内胎儿流产。公交公司承认她乘坐了出事的那辆车。不过，公交公司认为即便她的流产是刹车所致，但该公交车司机属紧急避险而刹车，主观上无过错；她应向小货车索赔。公交公司不愿赔偿，张某想提起诉讼主张权益，于是就此事进行咨询。

【训练任务】1. 充分体会诉讼中选择案由的重要性。

2. 学会通过综合考虑选择案由的方法

【训练程序】1. 学生拟定咨询意见书。

2. 教师总结、点评。

【训练提示】1. 同一件事情从不同的角度看其性质是不一样的，体现在诉讼中就是案由不同。不同的案由适用的法律不同，追究的责任人不同，在诉讼管辖、赔偿范围、举证责任、时效、归责原则、免责责任等方面也有差别，案件的最终结果也会大不相同。

2. 本案中，张某持公交车票向公交公司索赔，这不仅是一个侵权赔偿的问题，也是一个合同违约的问题，是两种责任的竞合。

3. 本案涉及选择侵权责任还是违约责任进行诉讼的问题。如诉侵权，举证责任依法由原告承担，原告还须证明侵权人主观上有故意或过失，这对乘客来说很难：乘客之间素不相识，恐怕无法找到证人作证，且司机或售票人员主观上不存在故意。相比之下，按照《合同法》、《消费者权益保护法》打违约诉讼是有把握的：那张车票证明乘客和公交公司之间存在旅客运输合同关系，公交车是服务方，负有保护消费者人身和财产权益的责任和义务。现在乘客受到了伤害，那么这时的举证责任就转给对方，被告必须证明自己没有故意和过失，公交车司机虽然尽了最大注意，但还是造成了乘客的伤害。通过综合比较、考虑，本案打违约之诉比侵权之诉更易胜诉。

【案例三】

临汾的张先生在太原市出差时被李某撞伤（李某是晋中市人，某货运公司的司机），货车在晋中市某保险公司投保了机动车第三者责任强制保险。李某想要通过诉讼获得赔偿，他应当去哪一地的法院起诉？

【训练任务】1. 让学生充分掌握对交通事故诉讼有管辖权的法院包括哪些。

2. 学会综合考虑各种因素正确选择管辖法院。

【训练程序】1. 学生拟定咨询意见书。

2. 教师总结、点评。

【训练提示】1. 交通事故是一种侵权行为，应当按照侵权行为确定管辖。根据《中华人民共和国民事诉讼法》第 28 条的规定，因侵权行为提起的诉讼，由侵权行为地或者被告住所地人民法院管辖。

2. 被告住所地人民法院对交通事故案件有管辖权。被告住所地是指被告的户籍所在地，户籍所在地与经常居住地不一致的，按照经常居住地确定住所地，经常居住地是指离开住所 1 年以上并在经常居住地居住满 1 年以上。

当交通事故案件存在数个被告的情况下，其中任何一个被告住所地的法院均有管辖权。《最高人民法院关于审理道路交通事故损害赔偿案件适用法律若干问题的解释》第 25 条第 1 款规定："人民法院审理道路交通事故损害赔偿案件，应当将承保交强险的保险公司列为共同被告。……"因此，承保机动车第三者责任强制保险的保险公司所在地人民法院也是管辖法院之一。

3. 侵权行为地法院对交通事故案件有管辖权，侵权行为地包括侵权结果发生地和侵权行为发生地。

训练单元五 合同法律咨询

民商法领域中，合同法是一个重要的法律部门，社会经济生活须臾离不开合同。对于一名法律工作者而言，虽然合同法律咨询仅仅是合同法律服务的一小部分（合同法律服务包括咨询、草拟、审查、修改、诉讼等），但对合同法律知识的掌握和合同实务技巧的运用都一样重要。换言之，无论向合同当事人提供哪一部分的合同法律服务，其都是建立在对合同法律制度的熟练掌握及灵活运用的基础之上的。

一、合同法的适用范围

知识储备

《中华人民共和国合同法》（以下简称《合同法》）第 2 条规定："本法所称合同是平等主体的自然人、法人、其他组织之间设立、变更、终止民事权利义务关系的协议。婚姻、收养、监护等有关身份关系的协议，适用其他法律的规定。"据此，合同法适用的合同具有以下特殊性：

1. 合同当事人主体法律地位的平等性。

2. 合同内容属于民事权利义务关系。

3. 涉及身份关系的，不适用合同法，而应适用婚姻法、收养法、继承法等相关的部门法律。

咨询应注意的事项及基本服务流程：

1. 审查签订合同的当事人是否属于平等主体，即是否为自然人、法人、其他组织。

2. 审查合同的内容，是确定其是否适用合同法的关键。

（1）合同内容系行政法律关系的，不适用合同法。如税务机关与纳税人签订的《税收征收合同》，系税务机关依据税收法律向行政相对人（纳税人）征收税款的行为，具有强制性、无偿性。

（2）涉及身份关系的，不适用合同法。如《离婚协议》系夫妻解除夫妻身份关系的协议，应适用《婚姻法》的有关规定。

（3）合同一方当事人虽然是行政机关，但合同内容并非是依据国家法律履行行政管理行为，而是民事行为的，则适用合同法的相关规定，如税务机关需要购买办公用品，而与某文化用品公司签订的《办公用品买卖合同》。

（4）在特定情况下，国家以特殊民事主体的身份参与到民事活动中的，也适用合同法。如财政部代表国家履行国债的行为，就属于民事行为，国家与购买者形成平等的国债买卖法律关系。

（5）在我国市场经济发展的过程中，国家对某些特殊领域的民事法律关系采取行政干预措施，这就使得这一部分民事合同兼具行政法律关系与民事法律关系的特点。如各大国有商业银行上市前的不良债权转让合同、煤矿采矿权的转让合同等，该类合同虽然属于平等主体之间的民事法律关系，但合同当事人的选择、转让的程序、价格的确定等不能由合同当事人自愿地协商，而必须遵循相关的法律、法规及政策的规定。

训练任务

通过训练，使学生掌握哪类形式的合同应当适用合同法的规定，认识到并非所有形式的合同都属于合同法调整的范围；通过审查合同当事人及合同内容的训练，使学生能够清晰地了解该合同所应适用的部门法。唯有如此，学生才能成为较为合格的法律工作者，才能为当事人提供准确的法律服务。

示范案例

王某（男）与李某（女）《离婚协议书》咨询服务案

王某与李某系夫妻关系，因感情不和，双方同意协议离婚，并签订了《离婚协议书》。协议签订后，王某持《离婚协议书》到律师事务所咨询该协议书的效力及履行事宜。

律师审查后发现，该协议书双方约定有如下内容："本离婚协议书自双方签字后生效，双方的夫妻关系解除，一方不得干涉另一方的再婚事宜。"

律师认为，《离婚协议书》涉及身份关系，不适用《合同法》的规定，不能采用意思自治原则，而应适用婚姻法的规定。《婚姻法》第31条规定："男女双方自愿离婚的，准予离婚。双方必须到婚姻登记机关申请离婚。婚姻登记机关查明双方确实是自愿并对子女和财产问题已有适当处理时，发给离婚证。"因此，双方夫妻关系的解除应通过婚姻登记机关并以该机关发给的离婚证为依据。因此，《离婚协议书》中的该条约定无效，当事人如果按该《离婚协议书》履行，认为夫妻关系已解除并与第三人再行结婚的，将构成重婚罪。

律师向当事人阐明法律规定后，将该条内容修改为："本离婚协议书自婚姻登记机关发给离婚证后生效，一方不得干涉另一方的再婚事宜。"

训练案例

【案例一】 《借款合同》审查修改服务

出借方：希望有限公司（以下简称甲方）

借款方：王某某（以下简称乙方）

甲方因流资周转困难，向乙方借款，乙方同意，为此双方订立如下协议，以兹信守。

一、甲方向乙方借款5万元人民币，用于公司经营。

二、甲方借款期间的利息按月息1%计算。

三、一方违约的，应向守约方承担违约责任。

四、本协议自双方签字盖章后生效。

甲方：（盖章）

乙方：（签字）

2013年11月1日

作为法律工作者，请你对上述合同进行修改。

【训练任务】 通过训练，使学生掌握合同的性质，知道该合同应适用的实体法，并比照实体法对该合同进行补充完善。

【训练程序】 抽出3位同学对该合同进行修改，然后说明修改的理由；其他学生自由发言，提出自己的不同意见；最后由老师总结点评并提出自己的修改意见。

【训练提示】 1. 该合同是否属于合同法的调整范围？

2. 明确该合同适用的具体实体法，包括法律、法规、司法解释等。

3. 依据该实体法的规定，明确该合同条款需要补充、完善和修改的地方。

4. 适用《合同法》第196条、第197条、第204条、第205条、第206条、第221条，《最高人民法院关于人民法院审理借贷案件的若干意见》第6条等法律规定分析该案。

【案例二】　　　　合同当事人主体资格审查

甲、乙是朋友关系，2002 年 7 月 31 日，两人约定由甲出资 20 余万元，以乙的名义购买"铜江"牌重型自卸货车一辆，享有该货车的所有权；乙只协助甲办理年检、纳税等义务，获取几百元劳务费。购车后，甲以该车从事货物运输，夜晚常寄放于丙停车场，遂以其自己的名义与丙订立书面协议，约定：甲每晚 12 点之前将车辆存放于丙停车场，存放费用为每月 300 元，每月 25 日前预付下月停车费。2003 年 1 月 13 日中午，甲又将车寄放于丙停车场。当晚，汽车被盗。次日，丙停车场和甲一起向派出所报案，派出所立案侦查未果。甲多次要求丙停车场赔偿，因丙拒绝，甲遂聘请律师，由登记车主乙作为原告向广汉市人民法院起诉，请求判决丙停车场承担因保管不善的违约责任。

【训练任务】 1. 制作合同审查意见书。

2. 提供法律咨询意见书。

【训练程序】 1. 学生根据案情，制作合同审查意见书、法律咨询意见书。

2. 教师总结、点评。

【训练提示】 1. 本案引起纠纷的合同法律性质是什么？

2. 甲是否具备签订该合同的主体资格？

3. 乙是否有权起诉丙停车场，要求其承担违约责任？

4. 适用《合同法》第 365 条、第 373 条，《物权法》第 9 条、第 24 条、第 37 条等法律规定分析该案。

二、合同性质

知识储备

（一）合同性质概要

合同性质即合同的主要法律性质，一般从合同的标的来分析，合同标的不同决定了合同性质的不同。例如，商品房买卖合同的法律关系为买卖法律关系，其合同的标的物为商品房。但复杂的合同有时涉及多个法律关系，法律性质难以定性，一般以合同中主要的法律关系确定合同的性质。

合同名称一般来讲是对合同内容的高度概括，规范的合同名称一般都准确界定了合同的法律关系性质。但现实生活中往往并非如此，而且对于复杂的合同，确定一个准确的合同名称有时确有难度。我国《合同法》仅规定了 15 大类有名合同，根本涵盖不了经济生活对合同名称的需求，这就出现了合同法未能规范的无名合同。对于无名合同，如何确定其合同名称，也是法律工作者实务中面临的不能回避的现实问题。

当合同名称与合同的内容不一致时，对合同性质的确定应根据内容而非合同名称判断。《最高人民法院关于经济合同的名称与内容不一致时如何确定管辖权问题的批复》（法复〔1996〕16 号）认为："当事人签订的经济合同虽具有明确、规范的名称，但合同约定的权利义务内容与名称不一致的，应当以该合同约定的权利义务内容确定合同的性质，从而确定合同的履行地和法院的管辖权。"如合同内容为房屋买卖，但合同名称却为房屋租赁，该合同的法律关系性质为买卖法律关系，当该合同发生纠纷后，人民法院应以买卖的法律规定而非租赁的法律规定审查、认定案件。

（二）咨询应注意的事项及基本的服务流程

1. 仔细、耐心听取当事人的陈述，了解合同当事人签订合同的主要目的。

2. 听取陈述后，仍对事实不清楚的，要适时向当事人提出问题。

3. 确定合同的主要法律关系性质，并据以确定合同名称及法律适用。

4. 对合同进行修改或按当事人要求草拟合同。

5. 对于当事人明知合同性质，而意图通过不一致的合同名称规避法律的，法律工作者应向其简明扼要地释明，告知其该行为的法律后果。

训练任务

主要训练学生对合同法律关系性质的准确认定，并通过合同性质确定适用的部门法律。只有准确适用部门法律，才能使当事人签订的合同受到法律的保护；准确确定合同名称，以使合同名称与合同内容相一致，避免因不当甚至错误的合同名称而导致适用法律错误，误导甚至损害合同当事人的利益。

示范案例

王某某《投资合同》咨询服务案

自然人王某某持《投资合同》草案文本来到律师事务所，向律师咨询。

其向律师提供的《投资合同》内容如下：

投 资 合 同

甲方：希望有限公司

乙方：王某某

甲方为扩大生产规模，经公司股东会研究决定吸收投资，乙方经对甲方考查，同意向甲方投资，为此，双方订立协议如下：

一、乙方同意向甲方投资人民币 100 万元整，投资时间以乙方资金汇入甲方指定账户为准。

二、该笔资金投入后，非经公司股东会同意，不得抽回。

三、乙方有权参加公司股东会，有权监督、检查公司的经营、财务。

四、甲方每会计年度进行决算，分配盈余。无论甲方决算是否盈亏，均应按合同向乙方支付 10 万元的红利。

五、本协议自甲乙双方签字盖章后生效。

甲方：希望有限公司

乙方：王某某

年 月 日

律师认为，该合同法律关系混乱，极易产生纠纷。如是向公司投资，则无论盈亏，均收取红利的约定，违背了《公司法》第 34 条"股东按照实缴的出资比例分取红利"及第 166 条第 5 款"股东会、股东大会或者董事会违反前款规定，在公司弥补亏损和提取法定公积金之前向股东分配利润的，股东必须将违反规定分配的利润退还公司"之规定，且该合同没有章程修改、股东登记、股权比例等相应的规定。如是向公司提供借款，却有款项不得抽回，乙方参加甲方股东会等规定，且没有借款期限、利息、不能归还的违约责任等规定。

经律师向王某某了解，王某某的真实意图是向甲方提供借款，但又怕甲方到期不能归还，因而规定了参加股东会，监督其经营、财务等制约措施，以便保证借款的安全。

律师认为如是借款，就应签订规范的借款合同，至于借款本息的安全，可以由甲方提供乙方认可的担保解决，王某某同意了律师的方案并委托律师重新起草借款合同文本。

附：律师起草的借款合同文本

借 款 合 同

出借方：王某某，身份证号：……（以下简称甲方）

借款方：希望有限责任公司（以下简称乙方）

法定代表人：

保证方：××有限责任公司（以下简称丙方）

法定代表人：

乙方因资金周转困难，向甲方借款，甲方在丙方提供连带责任保证的情形下，同意出借，并订立协议如下：

一、合同标的

乙方向甲方借款人民币100万元整。

二、借款期限

借款期限从2013年1月1日～2014年12月31日，甲方应在2013年1月1日之前将100万元汇入乙方指定账户，乙方收到甲方借款后，应向甲方出具盖有甲方公章的借据。

乙方指定账户信息

户名：

开户行：

账号：

三、利息

乙方按月向甲方支付借款利息　万元。

四、保证

对本合同乙方应向甲方支付的借款本金及利息，如乙方到期不能支付，××有限公司同意提供连带责任保证。保证范围为甲方应收取的借款本金、利息及实现债权的费用。

××有限公司签订本合同时，应提供该公司同意提供担保的股东会决议，作为本合同的有效附件。

五、违约责任

……

六、争议解决

合同当事人发生纠纷，协商不成的，可向甲方所在地人民法院提起诉讼。

七、合同生效

本合同自各方签字盖章后生效。本合同正本一式叁份，甲、乙、丙三方各持一份备查。

甲方：

乙方：

丙方：

年　月　日

训练案例

【案例一】 **《房屋租赁合同》咨询服务项目**

房屋租赁合同

出租方：杨某，系××市××县××村村民（以下简称甲方）

承租方：张某，系××市××区希望有限公司职工（以下简称乙方）

一、租赁标的

甲方拥有位于××县××村的××路××号二层结构小楼，建筑面积180平方米，系在甲方合法宅基地上自建的合法建筑。

二、租赁期限

20年，自2000年1月1日至2020年12月31日，合同到期后，甲乙双方同意续签20年，依此类推。

三、租赁价格

租赁费用为每年1万元，20年总计20万元，由乙方在签订合同时一次性付清。乙方另一次性支付甲方租赁保证金80万元。

四、双方权利义务

1. 甲方不得将租赁物另行租赁给任意第三人，否则，甲方赔偿乙方100万元。

2. 乙方不得退租，若退租或到期不续租的，甲方收取的保证金不予返还。

3. 在租赁期内，因不可抗力造成房屋毁损的，其损失由乙方承担。

4. 在租赁期内，因房屋征收、拆迁的补偿款，由乙方享有，需由甲方出面协调、处理的，甲方应积极配合，其法律后果由乙方承担。

5. 乙方指定的人员对租赁权享有继承权，甲方及甲方的近亲属不得干涉。

五、合同生效

本合同自双方签字之日起生效。

甲方：

乙方：

年　月　日

【训练任务】 通过训练，学生应正确认识该合同的性质，并把握合同名称与合同内容的一致性，通过正确适用实体法，对该合同进行完善或认定合同的效力。

【训练程序】抽出两位同学对该合同性质、内容与名称的一致性、合同效力进行发言并阐述理由；由其他同学自由发言；最后由老师总结点评并提出自己的意见。

【训练提示】1. 该合同法律性质是什么？

2. 该合同内容与合同名称是否一致？

3. 该合同的法律效力如何？

4. 适用《合同法》第212条、第214条、第231条、第235条、第52条，《物权法》第153条，以及《国务院办公厅关于严格执行有关农村集体建设用地法律和政策的通知》第2条等法律规定分析该案。

【案例二】　　　　　　　合同性质理解与认定

2003年5月20日，某特种钢材有限公司与某煤焦有限公司签订了一份联营协议。协议约定：由某煤焦有限公司出资人民币500万元给某特种钢材有限公司用于经营，期限从2003年5月25日起至2004年5月24日止，某特种钢材有限公司向该煤焦有限公司支付利息为月息8‰。2003年11月30日前支付24万元，2004年5月24日前支付24万元。同时约定，某特种钢材有限公司向该煤焦有限公司支付固定利润40万元，该利润在合同到期日与投资款一起支付；如某特种钢材有限公司不能按约定付清款项，每迟延一日加收逾期资金1‰的罚金。合同签订后，某煤焦有限公司于2003年5月24日将500万元打入某特种钢材有限公司账户，而在实际履行过程中该特种钢材有限公司仅在2003年11月30日支付24万元利息，至合同到期日分文未付。某煤焦有限公司前来咨询，欲聘请你作为该公司代理人起诉某特种钢材有限公司，请你给出咨询意见。

【训练任务】分析、把握合同的性质。

【训练程序】1. 学生分析案例后，拟定分析意见书。

2. 教师总结、点评。

【训练提示】1. 该合同是什么法律性质？

2. 该合同是否具备法律效力？

3. 适用《最高人民法院关于审理联营合同纠纷案件若干问题的解答》第4条第2款、《最高人民法院关于企业相互借贷的合同出借方尚未取得约定利息人民法院应当如何裁决问题的解答》、《贷款通则》第61条、《合同法》第52条等法律规定分析该案。

三、合同的成立、生效与有效

知识储备

（一）基本知识

合同的成立、生效与有效是合同法律制度的重要组成部分，是合同法领域中的重要制度设计，是合同法律服务的重要基础的内容之一，可以说，不了解这些规定，合同法律服务就无从谈起。

合同的成立、生效与有效既有联系，又有区别，极易混淆，其根源产生于对这些法律概念之间的联系与区别认识不清。合同的生效与有效，皆以合同成立为前提，若合同根本不成立，则谈不上生效或有效的问题。合同成立和生效属于事实判断，合同有效则属法律价值判断，不能将"有效"和"生效"等同。

合同一经依法成立，原则上即生效。但有两个例外：一是当事人在合同中约定了合同生效的条件和期限的，合同自条件成就或期间届满时生效；二是法律行政法规规定办理批准手续，或者办理批准、登记生效的，自办理批准手续或者批准、登记时生效。未生效的合同不等于无效合同，不能按无效处理，更不能以违约处理。

未成立的合同中，对当事人在签订合同过程中造成的损失，按《合同法》第42条关于缔约过失的规定进行处理。

（二）咨询应注意的事项及基本审查流程

1. 关于合同的成立，要看双方是否签字、盖章，签字盖章是否真实。

2. 关于合同的生效，要审查双方对生效的约定或者法律对生效的规定。

3. 依据《合同法》第52条的规定审查合同的效力。

4. 如合同有效，则注意个别条款的法律效力，因为个别条款无效的，不影响合同的整体效力，但该无效条款不受法律保护。

5. 分析合同是否为效力待定合同，提示当事人是否进行追认或撤销。

6. 分析合同是否为表见代理合同，确定合同的效力。

7. 综合分析后，给予咨询者最终的法律审查结论，如需补救、完善的，应提出方案，供客户选择。

训练任务

通过本节训练，使学生基本掌握合同的成立、生效与有效的区别与联系，并在实务中能够进行识别与操作。

训练案例

【案例一】 借腹生子合同纠纷案

王某（男）婚后与其妻多年未能生育，遂商量决定借腹生子。王某夫妻与女青年李某书面约定：由女青年李某为王某夫妻生子，怀孕期间支付其1万元，孩子出生后，支付其10万元。孩子出生后，李某应将婴儿交由王某夫妻抚养，李某终身不得与孩子见面。一方违约的，罚款20万元。协议签订后，王某与李某生活在一起并顺利产下一男婴。但李某以自己亲自抚养为由，拒绝将婴儿交由王某夫妻抚养，双方为此发生纠纷。王某夫妻前来咨询：

1. 该合同是否受法律保护？法律依据是什么？

2. 王某夫妻是否有需要保护的权利？

3. 婴儿的权利如何保护？

4. 该纠纷应如何处理？

【训练任务】通过该案例，拓展同学对合同效力的全面认识，从不同角度加深对《合同法》第52条的理解和实务操作能力。

【训练程序】1. 可由同学分组进行讨论，并由各组选派代表阐述该组的观点。

2. 持不同意见的同学可自由发言。

3. 由教师提出自己的意见并对各组观点进行点评。

【训练提示】1. 依据《合同法》第52条，认定该合同的效力。

2. 结合《婚姻法》、《合同法》、《民法通则》分析各方应享有的权利和应承担的义务。

3. 适用《民法通则》第7条、第58条，《合同法》第2条第2款，《婚姻法》第3条第2款、第25条、第36条、第38条第1款等法律规定分析该案。

【案例二】　　　　　　　**委托售房引发的争议**

　　刘某与潘某是朋友关系。2013 年 4 月，刘某将自己一套房屋委托潘某代为办理房屋出售相关手续，代为办理公证事宜。后来潘某在刘某不知情的情况下，代替刘某与郝某签订借款抵押合同，将刘某委托出售的房屋作为担保向郝某借款 250 000 元，并办理了房屋他项权利证书。因房子一直未售出，刘某向潘某索要房产证时，才得知房屋已被抵押，刘某想拿回自己的房产，于是咨询抵押合同是否有效。

【训练任务】通过训练，进一步明确合同纠纷咨询的基本方法。

【训练程序】1. 现场咨询模拟训练的情境介绍。

2. 指定 4 名学生模拟现场咨询情境。

3. 其余学生点评学生接待当事人的礼仪、法律咨询时存在的问题。

4. 教师总结、点评。

【训练提示】1. 刘某与潘某之间存在何种合同法律关系？

2. 潘某为借款而代替刘某签订的《抵押合同》是否有效？

3. 适用《合同法》第 48 条、第 396 条、第 397 条等法律规定分析该案。

四、合同的履行抗辩权

知识储备

　　合同履行抗辩权系《合同法》赋予合同当事人的权利，当事人积极行使，可有效地保护自己的权利。反过来，它也可敦促违约者积极履行合同义务。合同履行抗辩权规定在《合同法》第 66 条、第 67 条、第 68 条。理论界一般将第 66 条称为同时履行抗辩权，将第 67 条称为先（后）履行抗辩权，将第 68 条称为不安抗辩权。

　　针对合同的履行抗辩权，咨询时应注意以下事项及基本审查流程：

1. 全面了解合同当事人履行合同的情况。

2. 各履行抗辩权都有其适用条件，并将适用条件与合同事实严格比对，以确定能否适用。

3. 履行抗辩权旨在保护守约方，因此适用抗辩权的，还应确定合同当事人是否具有违约行为。

训练任务

通过对三个抗辩权的了解，训练同学熟悉不同抗辩权的适用条件，在实务中能够明确区分并能给当事人明确、准确的法律意见。告知当事人是否有权进行履行抗辩及如何进行抗辩。

◎ 示范案例

买卖合同纠纷案

甲公司与乙公司签订《研磨机买卖合同》，约定乙公司向甲公司购买研磨机，价格为 100 万元，乙公司付款 80 万元时可提货，余款 20 万元在提货 6 个月内支付，在 6 个月内未支付的，甲公司有权解除合同。合同签订后，乙公司在付款 80 万元后将研磨机提走。余款未能在提货后的 6 个月内支付。甲公司遂致函乙公司，如再不付款，将通过诉讼解除《研磨机买卖合同》，乙公司认为，依据《中华人民共和国税收征收管理法》的规定，甲公司出售商品，应向乙公司开具发票，由于其未开具发票，乙公司有权依据《合同法》第 67 条之规定行使先履行抗辩权，有权拒绝付款。据此理由，甲公司违约在先，其解除合同的请求得不到法律的支持。乙公司就其理由是否符合法律规定，到律师事务所咨询。

律师了解本案的基本情况后，认为：合同当事人的合同义务分为主合同义务和次合同义务，次合同义务又叫附随义务或法定义务，即法律、法规规定当事人必须履行的义务，而不管当事人是否在合同中约定。本案中，甲公司的主合同义务是在乙公司付款后提供研磨机，乙公司的主合同义务是提货后在 6 个月内付款。依据履行抗辩权的适用条件，"先履行一方未履行的"，指的是未履行主合同义务，而非次合同义务。由于甲公司未出具发票属于次合同义务，因而，乙公司不能以此为由拒绝履行余款的支付，否则，就构成违约。

在向客户进行上述分析后，建议乙公司与甲公司积极沟通，取得谅解，主动支付余款。乙公司听取了律师的建议，有效化解了一起纠纷。

训练案例

【案例一】 **设备购买及安装合同纠纷案**

原告某电梯有限公司与被告某商场签订《设备购买合同》及《设备安

装合同》各一份，约定被告向原告购买进口电梯10台，共需支付设备款1800万元人民币。原告负责电梯的安装、调试及1年内的保养服务，安装费用为300万元人民币。合同签订后，被告支付部分电梯款1000万元后，原告如期供货并安装调试，经验收合格后，电梯全部交付正常使用。但在原告安装的10台电梯中，有2台的主机原产地为国内。被告遂拒绝支付剩余的设备款800万元及安装费300万元人民币。原告将被告起诉至法院，要求支付上述款项，被告以电梯主机不符合合同约定为由，认为拒绝付款是行使先履行抗辩权。那么，被告是否有权行使先履行抗辩权？原告提供的电梯不符合合同的约定，被告如何主张权利？

【训练任务】通过该案例，加强训练同学对履行抗辩权适用条件的认知，使同学认识到履行抗辩权适用的复杂性及难度，促其在实务中投入更多的谨慎及多层次的思考。

【训练程序】1. 先由部分同学回答各履行抗辩权的适用条件，否则，对本案例的分析将有难度。

2. 由教师对本案进行部分提示，以引导同学进行有效的讨论。

3. 由同学进行自由发言，阐述自己的观点。

4. 由教师提出自己的意见并对同学观点进行点评。

【训练提示】1. 分析被告的先履行抗辩权是否成立。

2. 结合合同法违约责任及严格责任的规定，分析被告通过什么方式主张权利。

3. 适用《合同法》第67条的规定分析该案。

【案例二】　　　　　　乙方能否中止本合同履行

2000年8月20日，甲公司和乙公司订立承揽合同一份。合同约定，甲公司按乙公司要求，为乙公司加工300套桌椅，交货时间为10月1日。乙公司应在合同成立之日起10日内支付加工费10万元人民币。合同成立后，甲公司积极组织加工。但乙公司没有按约定期限支付加工费。同年9月2日，当地消防部门认为甲公司生产车间存在严重的安全隐患，要求其停工整顿。甲公司因此无法按合同约定的期限交货。乙公司在得知这一情形后，遂于同年9月10日向人民法院提起诉讼，要求甲公司承担违约责任。甲公司答辩称，合同尚未到履行期限，其行为不构成违约。即使其在合同履行期限届满时不能交货，其也不构成违约，因为消防部门要求其停工。并且乙公司至今未能按合同约定支付加工费，其行为已构成违约，因此提起反诉，要求乙公司承担违约责任。

【训练任务】通过训练，进一步明确关于合同履行的法律规定。

【训练程序】1. 现场咨询模拟训练的情境介绍。

2. 指定4名学生模拟现场咨询情境。

3. 其余学生点评学生接待当事人的礼仪、法律咨询时存在的问题。

4. 教师总结、点评。

【训练提示】1. 乙公司在合同期限未满时可否中止履行？

2. 乙公司能否要求甲公司承担违约责任？

3. 乙公司是否应当承担违约责任？

4. 适用《合同法》第68条、第69条的规定分析该案。

五、合同的解除权

知识储备

（一）合同解除概要

合同解除权是合同当事人依照合同约定或法律规定享有的解除合同的权利。合同解除权的行使将导致合同权利义务消灭的法律后果。依据合同法的规定，合同的解除分为协商解除、约定解除和法定解除。另外，《合同法》第93条第2款所规定的条件，应符合附条件民事法律行为的规定，所附条件应具有未来性、或然性和合法性。

合同解除权旨在保护合同守约一方，违约者不享有合同解除权。合同法对合同解除作出了严格的程序规定，合同解除应遵守其规定。

（二）咨询应注意的事项及基本审查流程

1. 全面了解合同的履行情况，确定客户是否存在违约行为，是否享有合同解除权。

2. 认真审查合同内容，据以确定客户是否享有约定解除权。

3. 分析客户是否享有法定解除权。

4. 如客户享有合同解除权，应告知其合同解除后的法律后果，由客户权衡、判断、选择。

5. 告知其行使合同解除权的程序、通知的方式等。

训练任务

通过训练，使学生了解不同解除方法的适用条件，掌握合同解除的程序规定。解除通知是解除发生效力的重要方式，解除期限是解除权利有效存在的前提。通过对上述知识点的掌握，在实务中能够熟练界定合同当事人是否享有合同解除权以及如何行使合同解除权。

示范案例

房屋租赁合同纠纷案

希望有限公司承租王某房屋从事公司经营业务，双方签订房屋租赁合同，租赁期为3年。希望公司承租到第二年时，因租赁房屋漏水，且经王某多次维修未能解决，希望公司遂向王某送达《解除合同通知书》，其内容为："王某：我公司承租你的房屋一年以来，因房屋漏水之事一直未能处理，严重影响到公司的正常经营活动，致使我公司签订租赁合同进行经营的目的不能实现，我公司有权解除合同，自你收到该通知之日起，房屋租赁合同解除。但由于房屋漏水属于你的违约行为，应赔偿我公司的装修费、搬迁费总计10万元，在你未赔偿之前，我公司不予搬迁并停止支付租赁费用。"

王某收到希望公司的《解除合同通知书》后，来到律师事务所咨询，寻求法律帮助。

律师审查了房屋租赁合同，该合同未对房屋维修、装修费、合同解除等事项进行约定。关于漏水的问题，王某也曾积极维修，但由于房屋老旧，找不到漏水的原因。

律师认为依据《合同法》第220条"出租人应当履行租赁物的维修义务，但当事人另有约定的除外"之规定，王某未能履行维修义务，构成违约，希望公司享有法定合同解除权。但法定解除权不得附加条件。《解除合同通知书》内容系附加赔偿条件的解除，应属无效。关于合同解除后的善后事宜，应由双方协商或通过人民法院处理，而不能由一方单方决定。

【律师建议】鉴于房屋租赁合同事实上已不可能继续履行，王某应主动与该公司协商处理合同终止事宜。如协商不成，则以该公司拒付租金违约为由，诉请人民法院解决。

训练案例

合资、合作开发房地产合同纠纷案

某有限公司系一家生产食品的企业，拥有闲置土地一宗。该公司欲将该宗土地进行房地产开发，经多方联系，王某同意投资并进行房地产开发，为此，双方签订一份协议。

协　议

甲方：某有限公司

乙方：李某

鉴于甲方拥有闲置土地一宗，为改善职工住房条件而进行房地产开发，乙方具有资金势力且愿意与甲方合作，为此，双方订立协议如下：

一、甲方拥有闲置土地的位置、面积、四至。

二、甲方对该土地拥有合法的使用权。

三、甲方以该土地使用权与乙方合作开发 18 层楼 54 套住宅一幢。

四、开发该幢楼房的所有资金由乙方承担。

五、利益分配：楼房建成后，甲方拥有 30 套住宅，其余住宅及门面房、地下室车库归乙方。

六、开发房地产的所有手续及费用由乙方承担。

七、本协议签订后，乙方支付甲方 200 万元，由甲方负责该宗土地上的住户拆迁安置。

八、合同解除：一方违约，另一方享有合同解除权。

九、违约责任：因甲方违约导致乙方开发受阻的，甲方应双倍返还乙方已进行的投资；因乙方违约导致甲方开发受阻的，乙方已进行的投资不予返还。

十、本协议自双方盖章签字之日起生效。

甲方（盖章）

乙方（签字）

2010 年 10 月 8 日

合同签订后，李某按约向甲方支付 200 万元，但甲方在拆迁过程中，遭到该公司职工的一致抵制，致合同未能进一步履行。王某遂来到律师事务所，咨询是否可以解除合同并要求该公司双倍返还 200 万元。

请你作为接待律师对李某的咨询进行答复。

【训练任务】通过该案例，提升同学对合同解除权的全面认识，感知合同解除权适用条件的复杂性，从而加深对合同解除的实务操作能力。

【训练程序】1. 可由同学分组进行讨论，并由各组选派代表阐述该组的观点。

2. 持不同意见的同学可自由发言。

3. 由教师提出自己的意见并对各组观点进行点评。

【训练提示】1. 从合同效力层面来理解合同解除权。

2. 适用《合同法》第52条、第93条、第94条及《最高人民法院关于审理涉及国有土地使用权的合同纠纷案件适用法律问题的解释》第14条、第15条的规定分析该案。

六、合同的撤销权

知识储备

（一）合同的撤销权概要

为保全债务人财产，维护债权人利益，保障交易安全，我国《合同法》第74条规定了撤销权制度。撤销权是指因债务人放弃其到期债权或者无偿转让财产，对债权人造成损害的，债权人可以请求人民法院撤销债务人行为的权利。债务人以明显不合理的低价转让财产，对债权人造成损害，并且受让人知道该情形的，债权人也可以请求人民法院撤销债务人的行为。

《合同法》第74条规定的债权人的撤销权与《民法通则》第59条、《合同法》第54条规定的合同撤销权及破产法规定的破产撤销权在构成要件、行使期间、诉请撤销机关方面有所不同，在实务中应注意区分，不要混淆。

关于撤销权的行使条件，《合同法》、《最高人民法院关于适用〈中华人民共和国合同法〉若干问题的解释（一）》及《最高人民法院关于适用〈中华人民共和国合同法〉若干问题的解释（二）》均有明确的规定，在实务中应对照适用。

（二）咨询应注意的事项及基本审查流程

1. 审查债权人对债务人是否享有合法有效的债权。即债权人行使撤销权时，债权人的债权已经有效成立，且不具有无效或可撤销的因素。此外，债权必须在债务人的处分行为发生之前就已经有效存在。

2. 审查债务人是否实施了处分财产的行为。即债务人实施了放弃到期债权、无偿转让财产、以明显不合理的低价转让财产的行为。

3. 审查债务人处分财产的行为是否已经发生法律效力。

4. 审查债务人处分财产的行为是否给债权人造成损害。

5. 审查债务人延长到期债务的履行期，是否具有恶意。

6. 审查债务人以明显不合理的低价转让财产的，受让人是否具有恶意。

训练任务

撤销权实务操作较为复杂，不仅在于其行使条件较多，而且由于涉及债务人与第三人的行为，其事实的查清及举证也较为困难。但作为合同法债权保全的一项重要制度，学生有必要通过案例增强对法条的理解，以便于实务中运用。

示范案例

撤销权案例

张某 2005 年从某银行借款 300 万元，借款期限为 1 年。借款到期后张某未还贷款，银行将张某诉至法院，法院判决张某偿付银行借款本金及利息。判决生效后，张某未主动履行，银行遂申请法院强制执行，但因张某无可供执行的财产，法院裁定中止执行程序。

银行债权不能实现，遂寻求律师帮助。律师认为，针对自然人，只有通过调查其个人及夫妻共同财产，并提供给执行法院，才能实现债权。银行遂委托律师对张某的财产进行调查。

在调查过程中，律师发现，2005 年张某从银行借款后，有一套新购置的商品房登记在张某与其妻子的女儿名下，而其女儿尚在上大学，既无收入来源，亦未结婚。律师认为，张某夫妻将其夫妻共同财产登记在女儿名下，系赠与行为，属恶意逃避债务。建议银行通过诉讼行使撤销权。银行起诉后，法院判决撤销张某将房屋赠与其女儿的行为，确认该房屋为张某夫妻共同财产。

银行在撤销权纠纷案判决生效后，即申请法院恢复执行，并对张某的房屋进行公开拍卖，实现了部分债权。

训练案例

【案例一】 撤销权纠纷代理案

在上述示范案例中，银行委托律师代书致人民法院的撤销权案件起诉状，作为受委托律师，请你代书一份起诉状。

【训练任务】通过书写起诉状，加深学生对行使撤销权程序的了解，进而提升其实务操作能力。

【训练程序】1. 由学生各自进行书写。

2. 选择有代表性的几份进行点评。

3. 由教师展示规范的起诉状。

【训练提示】依据《民事诉讼法》及最高人民法院关于《合同法》的相关解释书写。

【案例二】 撤销权之争

杨某（被告）为农家菜餐厅的业主，该农家菜餐厅所占用门面房租用于产权人李某（第三人），双方签订的书面合同约定：杨某租用李某门面房500平方米用于餐饮经营，租金每年100万元，分两次支付、每半年支付一次；水电费及煤气费用、卫生费等开支均由杨某负担；租期3年，自2003年8月15日至2006年8月14日；如杨某逾期未支付租金，李某有权单方解除合同，杨某同意餐厅全部资产抵偿到期债务。之后杨某开始经营农家菜餐厅。2006年6月，昆明综合行政执法局某分局向该餐厅下达限期整改通知书。2006年7月，昆明市某区环境保护局出具说明证明该餐厅为书面申请环保验收。8月8日，昆明综合行政执法局某分局向该餐厅发出行政处罚听证告知书，对该餐厅做出停止营业的行政处罚。被告与黄某（原告）于2006年8月9日签订合同，约定被告将餐厅转让给原告，转让费26万元。2006年8月14日，原告在餐厅收到昆明综合行政执法局某分局送达的听证通知书，同时第三人由于被告未支付最后一期房租亦找上门来要求接管餐厅，未果。原告诉至法院要求撤销合同。第三人李某前来咨询是否能够通过诉讼维护自身合法权益。

【训练任务】通过训练，使学生掌握合同解除的实务操作能力。

【训练程序】1. 学生分组进行讨论，并由各组选派代表阐述该组的观点。

2. 持不同意见的同学可自由发言。

3. 由教师提出自己的意见并对各组观点进行点评。

【训练提示】1. 原告黄某与被告杨某之间的转让合同是否有效？

2. 第三人李某如何通过诉讼维护自己的合法权益？

3. 适用《合同法》第 54 条第 2 款、第 74 条、第 75 条的规定分析该案。

七、合同的代位权

知识储备

（一）合同代位权概要

债权人的代位权是指因债务人怠于行使其到期债权，对债权人造成损害的，债权人可以向人民法院请求以自己的名义代位行使债务人的债权。代位权与撤销权共同构成了我国合同法上的债权保全制度。

代位权针对的是债务人的消极行为，如对到期债权不积极行使；撤销权针对的是债务人的积极行为，如无偿转让，低价出让、高价收购资产等。

关于撤销权的行使条件，《合同法》及《最高人民法院关于适用〈中华人民共和国合同法〉若干问题的解释（一）》均有明确的规定，在实务中应对照适用。

代位权不同于代位申请执行权。《最高人民法院关于适用〈中华人民共和国民事诉讼法〉的解释》第 501 条规定："人民法院执行被执行人对他人的到期债权，可以作出冻结债权的裁定，并通知该他人向申请执行人履行。该他人对到期债权有异议，申请执行人请求对异议部分强制执行的，人民法院不予支持。利害关系人对到期债权有异议的，人民法院应当按照民事诉讼法第 227 条规定处理。对生效法律文书确定的到期债权，该他人予以否认的，人民法院不予支持。"据此，债务人对于第三人的到期债权可以成为强制执行的标的，但其仅适用于债权人与债务人之间的诉讼已经终结或者仲裁裁决已经作出并已进入执行程序的情形，而且一旦第三人对债务提出异议，人民法院不得对第三人强制执行，而代位权是不需要这些条件的。

（二）咨询应注意的事项及基本审查流程

1. 债权人对债务人的债权是否合法。

2. 债务人是否怠于行使其到期债权，对债权人造成损害。

3. 债务人的债权是否已到期。

4. 债务人的债权是否专属于债务人自身的权利，如赡养费、安置费等。

训练任务

如同撤销权一样，代位权的实务操作同样复杂，不仅因为其行使条件较多，而且由于涉及债务人与次债务人的行为，其事实的查清及举证较为困难。但作为合同法债权保全的一项重要制度，学生有必要通过案例增强对法条的理解，以便于实务中运用。

示范案例

代位权纠纷咨询案

某有限公司因资金周转困难，向王某借款300万元，逾期未能归还。后王某经调查发现，某工贸有限公司尚欠该公司货款200万元，且已到期，王某咨询律师通过代位权诉讼实现债权。

律师经向王某了解该公司与某工贸有限公司的存续状况，王某才告知律师，该公司已进入破产程序，且已通知王某申报债权。

律师认为，依据《破产法》及最高人民法院司法解释的相关规定，在该公司已进入破产程序的情形下，其对大群公司的债权已成为破产财产，由该公司的全体债权人公平受偿，王某不能通过代位权诉讼实现自己的债权。

【律师建议】 王某依据破产法及破产管理人的要求申报债权，通过破产财产的分配尽量减少损失。

训练案例

【案例一】 　　　　　　代位权纠纷咨询案

65岁的村民王某丧偶后独自生活。2010年3月，王某在家做饭时不慎失火，除自家房屋烧毁外，也造成邻居房屋的部分损失。邻居起诉王某赔偿损失，法院判决王某赔偿邻居杨某5000元。但因王某无财产可供执行，邻居杨某未能获得赔偿。王某因失火也造成自己身体受伤，丧失劳动能力，其儿子未尽赡养义务，王某起诉其儿子后，法院判决其儿子每月支付王某500元。判决生效后，其儿子未履行判决义务，王某也未申请法院强制执行，王某一直在其女儿家居住。

邻居杨某了解这一情况后，认为王某应该向其儿子追要赡养费而不行使权利，致使无能力赔偿自己。遂前来咨询是否可通过代位权诉讼实现自己的权利。

　　作为法律工作者，请给予杨某法律咨询意见。

　　【训练任务】通过该咨询案例，加强学生对代位权构成要件的认识。

　　【训练程序】1. 学生分组进行讨论，并由各组选派代表阐述该组的观点。

　　2. 持不同意见的学生可自由发言。

　　3. 由教师提出自己的意见并对各组观点进行点评。

　　【训练提示】依据《合同法》第 73 条，《最高人民法院关于适用〈中华人民共和国合同法〉若干问题的解释（一）》第 11 条、第 12 条等相关规定，按照代位权构成要件分析本案。

【案例二】　　　　　　甲公司如何维护权益

　　2005 年 1 月 7 日，甲公司卖给乙公司一批办公用品，共计 30 万元，约定 10 日内付款。10 日内乙公司分文未付，逾期后，甲公司多次追要，乙公司称暂无款可付。此时，甲公司得知丙公司欠乙公司货款 50 万元已于 2004 年 12 月 10 日到期，甲公司就要求乙公司向丙公司催讨货款以还欠款，但乙公司以丙公司已经提供担保为由一直没有向丙公司催讨货款。甲公司前来咨询如何维护自身合法权益。

　　【训练任务】通过训练，掌握企业维权的诸多途径。

　　【训练程序】1. 可由学生分组进行讨论，并由各组选派代表阐述该组的观点。

　　2. 持不同意见的学生可自由发言。

　　3. 由教师提出自己的意见并对各组观点进行点评。

　　【训练提示】1. 甲公司可否行使代位权？

　　2. 甲公司如何实现代位权？

　　3. 适用《合同法》第 73 条，《最高人民法院关于适用〈中华人民共和国合同法〉若干问题的解释（一）》第 11 条、第 13 条、第 15 条，以及《民事诉讼法》第 108 条规定分析本案。

八、违约责任

知识储备

（一）违约责任概要

违约责任是指合同当事人一方不履行合同义务或履行合同义务不符合合同

约定而应承担的民事责任，《合同法》第107条对违约责任做了概括性的规定。

违约责任是民商事合同的必备条款，适当的违约责任条款可敦促合同当事人积极履行合同，并在一方违约时保护自己免受损失。

关于预期违约，《最高人民法院关于审理买卖合同纠纷案件适用法律问题的解释》第2条规定："当事人签订认购书、订购书、预订书、意向书、备忘录等预约合同，约定在将来一定期限内订立买卖合同，一方不履行订立买卖合同的义务，对方请求其承担预约合同违约责任或者要求解除预约合同并主张损害赔偿的，人民法院应予支持。"

（二）咨询应注意的事项及基本审查流程

1. 认真听取咨询者的陈述，了解客户签订合同的目的。

2. 审查合同是否设有违约责任条款。

3. 违约责任条款是否符合法律规定，违法的违约责任条款有可能误导合同当事人或鼓励违约。如当事人约定的违约金超过造成损失的30%的，法院一般不予支持。

4. 约定的违约责任条款是否对等，权利义务是否一致，如给一方设定了违约责任而另一方没有设定或双方设定的违约责任不一致。

5. 向咨询者解释增加或修改违约责任的必要性及法律依据。

6. 在征得咨询者同意的基础上，增加或修改违约责任条款。

训练任务

通过训练，使学生了解违约责任在合同中的重要性，熟悉相关违约责任的法律规定，并在此基础上进行民商事合同的实务操作。

示范案例

广告合同审查

律师受托为房地产公司提供合同审查修改服务，房地产公司提供的合同文本如下：

广告发布合同

甲方：人民房地产开发有限公司

乙方：希望广告公司

甲乙双方本着平等互利，互相信赖的原则，经友好协商达成本协议。

第一条　合作项目内容

1.1 乙方利用其广告发布平台和客户资源，为甲方提供信息广告发布。

第二条　甲方权利义务

2.1 本协议下发布的广告内容由甲方负责，并须经乙方审查许可后方可发布。

2.2 甲方在合作期内服从乙方在紧急情况下为保证服务正常稳定而对发布量的调整安排。

2.3 甲方应保证其所提供信息内容的真实性、准确性、安全性与合法性，并承担相应的责任。

在甲方未能遵守上述相关管理办法的情况下，乙方有权督促甲方采取相应的整改措施。

第三条　乙方职责

3.1 乙方配合甲方对甲方所要发布的广告受众客户进行分析，提供有针对性的广告发布方案。

3.2 乙方有权要求甲方保证其信息的合法性，并有权对信息内容进行审查。

3.3 乙方负责包括平台在内的网络通信正常，对非甲方原因引起的网络故障承担责任。乙方有权根据平台容量及时调整信息流量，对于任何影响乙方网络运行安全的不正常的超负荷的大批量信息，乙方保留限制其传送的权利。

第四条　计费与结算

4.1 甲乙双方的结算方式：满1个月为结账周期。

4.2 本次广告发送按照＊＊元/条计收（含税价，每月按＊＊万条发送，发送2个月）。本次广告发送的总计金额为：＊＊万元 整（大写），＊＊＊＊元（小写），最终按实际放送数量结算。

4.3 每月月初结算上月短信发送费，乙方提供发送依据经甲方审核后，作为付款依据，同时甲方提供税票。

4.4 付款账户

账户名称：希望广告有限公司

账　　号：

开 户 行：

第五条　保密

5.1 双方对本协议的全部内容严格遵守保密原则，未经对方书面许可，任何一方不得向第三方提供或披露与对方业务有关的资料和信息，法律另有规定的除外。

第六条 违约

6.1 如果发生以下情况之一，乙方有权要求甲方立即整改，情节严重的，乙方有权单方面无条件地解除本协议，终止合作关系。

6.1.1 甲方或甲方提供的信息内容违反国家电信和互联网信息等的有关政策、法规、法令。

6.1.2 甲方恶意下发违法短信。

6.1.3 甲方对用户产生较大影响，造成用户强烈投诉。

6.2 如果发生以下情况之一，甲方有权要求乙方立即整改，情节严重的，甲方有权单方面无条件地解除本协议，终止合作关系。

6.2.1 乙方的发布平台及其业务受到行政主管部门处罚的。

6.2.2 乙方网络长时间处于非正常状态，影响甲方业务的。

6.3 未履行本协议任何一项条款均被视为违约。

第七条 争议解决

7.1 双方因本协议的履行而发生的争议，应由双方友好协商解决。

7.2 协商不成，任何一方均可将争议提交＊＊市仲裁委员会依据仲裁规则进行仲裁。

第八条 其他条款

8.1 因不可抗力导致甲乙双方或一方不能履行或不能完全履行本协议有关义务时，双方相互不承担违约责任。但遇有不可抗力的一方或双方应于不可抗力发生后15日内将情况告知对方。在不可抗力影响消除后的合理时间内，一方或双方应当继续履行合同。

8.2 本协议自双方法定代表人（负责人）或授权代理人签字并加盖公章（合同专用章）之日起生效。

8.3 如双方在本协议履行期届满前3个月未提出异议且书面通知另一方不再续签本协议，则本协议将继续有效。有效期顺延壹年。

8.4 本协议一式两份，甲乙双方各执一份。

甲方（签章）：

乙方（签章）：

年 月 日

律师经审查后认为：

1. 第六条"违约"条款，实质是合同的解除条款，因此将第六条"违约"修改为"合同解除"。

2. 取消6.3条"未履行本协议任何一项条款均被视为违约",该条实质上等于并未约定,因为依据《合同法》第114条第1款"**当事人可以约定一方违约时应当根据违约情况向对方支付一定数额的违约金,也可以约定因违约产生的损失赔偿额的计算方法**"之规定,未约定具体数额或计算方法的,发生纠纷后,就无法量化违约者的违约责任。

3. 增加第七条"违约责任"并在其下增加相应的条款。

修改后的合同为(黑体为修改部分):

广告发布合同

甲方:人民房地产开发有限公司

乙方:希望广告公司

甲乙双方本着平等互利,互相信赖的原则,经友好协商达成本协议。

第一条　合作项目内容

1.1 乙方利用其广告发布平台和客户资源,为甲方提供信息广告发布。

第二条　甲方权利义务

2.1 本协议下发布的广告内容由甲方负责,并须经乙方审查许可后方可发布。

2.2 甲方在合作期内服从乙方在紧急情况下为保证服务正常稳定而对发布量的调整安排。

2.3 甲方应保证其所提供信息内容的真实性、准确性、安全性与合法性,并承担相应的责任。

在甲方未能遵守上述相关管理办法的情况下,乙方有权督促甲方采取相应的整改措施。

第三条　乙方职责

3.1 乙方配合甲方对甲方所要发布的广告受众客户进行分析,提供有针对性的广告发布方案。

3.2 乙方有权要求甲方保证其信息的合法性,并有权对信息内容进行审查。

3.3 乙方负责包括平台在内的网络通信正常,对非甲方原因引起的网络故障承担责任。乙方有权根据平台容量及时调整信息流量,对于任何影响乙方网络运行安全的不正常的超负荷的大批量信息,乙方保留限制其传送的权利。

第四条　计费与结算

4.1 甲乙双方的结算方式:满1个月为结账周期。

4.2 本次广告发送按照＊＊元/条计收（含税价，每月按＊＊万条发送，发送2个月）。本次广告发送的总计金额为：＊＊万元　整（大写），＊＊＊＊元（小写），最终按实际放送数量结算。

4.3 每月月初结算上月短信发送费，乙方提供发送依据经甲方审核后，作为付款依据，同时甲方提供税票。

4.4 付款账户

账户名称：希望广告有限公司

账　　号：

开户行：

第五条　保密

双方对本协议的全部内容严格遵守保密原则，未经对方书面许可，任何一方不得向第三方提供或披露与对方业务有关的资料和信息，法律另有规定的除外。

第六条　**合同解除**

6.1 如果发生以下情况之一，乙方有权要求甲方立即整改，情节严重的，乙方有权单方面无条件地解除本协议，终止合作关系。

6.1.1 甲方或甲方提供的信息内容违反国家电信和互联网信息等的有关政策、法规、法令。

6.1.2 甲方恶意下发违法短信。

6.1.3 甲方对用户产生较大影响，造成用户强烈投诉。

6.2 如果发生以下情况之一，甲方有权要求乙方立即整改，情节严重的，甲方有权单方面无条件地解除本协议，终止合作关系。

6.2.1 乙方的发布平台及其业务受到行政主管部门处罚的。

6.2.2 乙方网络长时间处于非正常状态，影响甲方业务的。

第七条　违约责任

7.1 甲方违约或未经乙方同意无故中止合同的，甲方应向乙方承担本合同未履行金额30%的违约金。

7.2 乙方违约或未经甲方同意无故中止合同的，乙方应向甲方承担本合同未履行金额30%的违约金。

第八条　争议解决

双方因本协议的履行而发生的争议，应由双方友好协商解决。协商不成，任何一方均可将争议提交＊＊市仲裁委员会依据仲裁规则进行仲裁。

第九条　其他条款

9.1 因不可抗力导致甲乙双方或一方不能履行或不能完全履行本协议有关义务时，双方相互不承担违约责任。但遇有不可抗力的一方或双方应于不可抗力发生后 15 日内将情况告知对方。在不可抗力影响消除后的合理时间内，一方或双方应当继续履行合同。

9.2 本协议自双方法定代表人（负责人）或授权代理人签字并加盖公章（合同专用章）之日起生效。

9.3 如双方在本协议履行期届满前 3 个月未提出异议且书面通知另一方不再续签本协议，则本协议将继续有效。有效期顺延壹年。

9.4 本协议一式两份，甲乙双方各执一份。

甲方（签章）：

乙方（签章）：

年　月　日

训练案例

【案例一】 **合同审查案例**

办公大楼弱电工程项目合同

甲方：

乙方：

依据《中华人民共和国合同法》的规定，甲方与乙方协商一致，就甲方办公大楼弱电工程项目签订本合同。

一、合同内容和要求

1. 项目建设方案以《甲方办公大楼弱电工程项目建设方案》为准。

2. 合同进度：本项目工期为 40 天，于　　年　　月　　日前完成安装、调试、培训，交付甲方试运行。

3. 合同总价款为人民币（大写）＊＊＊，（小写）￥＊＊＊＊。

二、合同款支付方式

1. 合同生效后 5 日内甲方向乙方支付合同总额的 30% 作为预付款。

2. 系统安装、调试完毕且通过最终验收后 10 日内甲方向乙方付款合同总额的 95%。

3. 剩余 5% 系统款作为质保金；在系统最终验收合格后正常运行 1 年后

10 日内支付。

三、甲方的责任和义务

1. 甲方应按工程进度支付合同款项。

2. 甲方应配备一名总包方技术人员和一名校方管理人员协助乙方做好现场勘察、出具可行施工方案、现场施工、安装、调试、验收等工作，协调解决项目实施过程中出现的有关问题。

3. 在项目实施过程中，如果需要增加合同中没有的设备以及增加合同中已有设备数量的，甲方认为确属学校需要，费用由甲方承担。

四、乙方的责任和义务

1. 乙方应按要求完成甲方办公大楼弱电工程项目安装调试等工作。

2. 乙方负责对操作人员进行培训，直至能够独立操作和使用系统。

3. 乙方保证向甲方提供的货物为授权厂家生产的全新的产品并且保证所供货物使用的合法性，针对整个项目给予系统 3 年免费服务，对所提供监控产品验收后给予 1 年质保，对于网络产品给予 3 年质保，对所提供相关线缆给予 15 年质量保证期。

4. 系统验收合格后，乙方提供免费现场培训，使甲方人员能够熟练掌握软、硬件系统的使用，故障的排除以及简单功能的修改。

5. 质保期内乙方免费提供现场维护。

6. 乙方随时响应用户的电话咨询，若出现系统无法正常运行或阻碍甲方的正常工作时，应甲方要求，乙方保证在 2 小时内响应，如果电话解决不了，12 小时内派技术人员到达现场，帮助排除故障，如因硬件故障，应提供相应备品进行更换，并提供 7×24 小时紧急维护服务。

7. 乙方不及时维护及更换备品的，甲方有权聘请其他单位进行维护及更换备品的，所需费用从质保金中扣除。

五、验收标准和方式

1. 由甲、乙双方共同组织验收，具体方式由双方商定。

2. 验收由乙方向甲方以书面形式提出，甲方应在接到乙方的书面通知 5 日内组织验收人员对系统进行验收。

3. 验收标准依据《甲方办公大楼弱电工程项目建设方案》中规定的技术要求。验收时，遵照甲方关于项目验收的相关规定，乙方应将本合同所规定安装内容的相关文档资料以电子文档形式交付甲方。

六、违约责任

……

七、争议的解决办法

在合同履行过程中如甲、乙双方发生争议，双方应通过友好协商解决。经协商不能达成协议的，由甲方所在地人民法院处理。

本合同自甲、乙双方法定代表人（或委托人）签字并加盖合同章之日生效。

甲方（签章）：

乙方（签章）：

年　月　　日

【训练任务】通过该案例，树立违约责任条款为合同必备条款的意识，并认识到性质、内容、类型不同的合同，其违约责任的内容也不同。

【训练程序】1. 由学生各自列出违约责任条款。

2. 由部分学生阐述自己所增加条款的理由。

3. 由教师公布自己所增加的条款并进行法理阐述。

【训练提示】1. 依据该训练合同的性质，所列违约责任能有效防止违约。

2. 结合《合同法》及司法解释关于违约责任的规定，确保所列条款合法有效，具有可操作性。

【案例二】　　　　　　　　违约责任如何承担

某贸易公司与某农产品公司于 2010 年 3 月 15 日依法订立了一份绿豆购销合同。合同约定，由某农产品公司在 3 个月内向某贸易公司发运总货款为 20 万元的绿豆，并且约定违约金为货款总价的 5%，同时由某贸易公司向某农产品公司支付定金 5000 元，3 个月后某农产品公司并未发货，亦未通知某贸易公司解除合同。经某贸易公司调查，由于绿豆价格大幅上扬，某农产品公司将给某公司的备货卖给了高价收购的绿水农经公司。某农产品公司违反约定给某公司造成 2 万元的损失。为挽回损失，某贸易公司决定起诉某农产品公司，现前来咨询。

【训练任务】该案的违约责任应如何确认？

【训练程序】1. 每个学生完成书面意见书的制作。

2. 教师总结、点评。

【训练提示】1. 某农产品公司的行为是否构成违约？

2. 某贸易公司应以何种方式要求对方承担违约责任？

3. 适用《合同法》第 107 条、第 115 条、第 116 条的规定分析本案。

九、争议的解决

🔵 **知识储备**

合同争议的解决条款体现了当事人意思自治原则，允许当事人自行设定争议解决办法。一般情况下包括协商、调解、仲裁及诉讼四种争议解决的方式。对此，学生应当熟知关于仲裁和诉讼的规定及两者的区别。

在合同审查过程中，对于合同争议解决条款一般规定为：如因履行本合同而产生的争议，双方尽量通过友好协商解决；协商解决不成的，"任何一方均有权向某某法院提起诉讼"或者"任何一方均有权向某某仲裁委员会申请仲裁"。究竟选择仲裁还是诉讼？先要搞清楚它们的区别：

（一）启动的前提不同

启动仲裁程序，首先，必须有双方达成将纠纷提交仲裁的一致的意思表示，这可以通过专门的仲裁协议或合同中的仲裁条款表现出来。达成一致意思表示的时间可以是在纠纷发生前、纠纷中，也可以是在纠纷发生之后。其次，双方还必须一致选定具体的仲裁机构。只有满足上述条件，仲裁机构才予以受理。对诉讼而言，只要一方认为自己的合法权益受到侵害，即可以向法院提起诉讼，而无需征得对方同意。因此，诉讼的条件要宽泛得多。

（二）受案范围不同

仲裁机构一般只受理民商、经济类案件（婚姻、收养、监护、抚养、继承纠纷不在此列），不受理刑事、行政案件。而对上述案件，当事人均可提起诉讼。

（三）管辖的规定不同

仲裁机构之间不存在上下级之间的隶属关系，仲裁不实行级别管辖和地域管辖。一般情况下，当事人可以在全国范围内任意选择裁决水平高、信誉好的仲裁机构，而不论纠纷发生在何地、争议的标的有多大。人民法院分为四级，上级法院对下级法院具有监督、指导的职能，诉讼实行级别管辖和地域管辖。根据当事人之间发生的争议的具体情况来确定由哪一级法院及由哪个地区的法院管辖。无管辖权的法院不得随意受理案件，当事人也不得随意选择。

（四）选择裁判员的权利不同

在仲裁中，当事人约定由 3 名仲裁员组成仲裁庭的，应当各自选定或者各自委托仲裁委员会主任指定 1 名仲裁员，第三名仲裁员由当事人共同选定或者由共同委托仲裁委员会主任指定。而诉讼之中，当事人无权选择审判员。但是在法定的情况下，可以要求审判员回避，或者要求将审判由简易程序（只有1名审判员）转入普通程序（由3名审判员组成合议庭）。

（五）开庭的公开程度不同

仲裁一般不公开进行，但当事人可协议公开，但涉及国家秘密的除外。人民法院审理案件，一般应当公开进行，但涉及国家秘密、个人隐私或法律另有规定的，不公开审理。离婚案件、涉及商业秘密的案件，当事人申请不公开审理的，可以不公开审理。

（六）终局的程序不同

仲裁实行一裁终局制，仲裁庭开庭后作出的裁决是最终的裁决，立即生效。诉讼则实行两审终审制，一个案件经过两级人民法院审理，即告终结，发生法律上的效力。

（七）强制的权力不同

仲裁机构对于干扰仲裁活动的当事人，无权行使强制措施。人民法院则可以对干扰诉讼活动的当事人采取拘传、训诫、责令退出法庭、罚款、拘留等强制措施。

因此，如果选择通过诉讼解决，那么在选择管辖法院时须注意：①协议管辖不得违反级别管辖与专属管辖。例如：海事案件只能由海事法院管辖，合同当事人约定由普通法院管辖是无效的。②被选择的法院必须与合同有关联，即只能在被告住所地、合同履行地、合同签订地、原告住所地、标的物所在地的法院中进行选择，而当事人在约定合同争议条款时应做到表述明确，选择的管辖法院是确定、单一的，不能含糊不清，更不能协议选择两个以上管辖法院。③合同当事人只能就第一审案件决定管辖法院，而不能以协议决定第二审法院。④双方必须以书面方式约定管辖法院，口头约定无效。

训练任务

通过对合同争议条款的审查，确认所选择的仲裁或者诉讼条款是否有效。

示范案例

合同纠纷如何确定管辖

2013年2月10日，张某（乙方）与北京市某服饰公司（甲方）签订《代理合同》，约定乙方为甲方在河北省文安县的代理商，并有权在该区域内发展加盟商；甲方将其所有的"×××"商标授权乙方使用，乙方在甲方统一的业务模式和规范下从事经营活动。同时约定，因本合同引发的争议，先由双方协商解决，协商不成，任何一方可向签约地仲裁委员会申请仲裁，或者向签约地人民法院提起诉讼（签约地：北京）。

合同签订后，乙方向甲方支付代理费4万元，并在河北省文安县城内租赁了店铺开始经营。后双方因产品质量问题产生纠纷，在协商未果的情况下，张某将北京某服饰公司告到河北省文安县人民法院，要求解除合同，返还加盟费和货款，并赔偿损失。

河北省文安县人民法院受理后，被告提出管辖权异议，认为原被告双方合同的签订地为北京，按照合同约定，应由公司所在地的北京市丰台区人民法院管辖。原告向律师咨询本案应当如何确定管辖。

律师认为：《最高人民法院关于适用〈中华人民共和国民事诉讼法〉若干问题的意见》第24条规定，合同的双方当事人选择管辖的协议不明确或者选择《民事诉讼法》第25条规定的人民法院中的两个以上人民法院管辖的，选择管辖的协议无效，应依照《民事诉讼法》第24条的规定确定管辖。

本案中双方只是在合同中约定了签约地为北京，并未明示在北京什么地方，而双方对此又意见不一，因此，仍然属于双方约定不明。根据上述司法解释的规定，双方关于管辖法院的约定条款也是无效的。

在约定管辖无效的情况下，只能适用法定管辖。《民事诉讼法》第23条规定，因合同纠纷提起的诉讼，由被告住所地或者合同履行地人民法院管辖。对本案而言，文安县人民法院是否具有管辖权呢？要解决这个问题，首先要明确本案的合同履行地是哪里。本案原被告双方签订的是特许经营合同，特许人将商标、商号等经营资源授权被特许人使用，被特许人在当地开设加盟店，使用特许人的商标等经营资源进行经营，并接受特许人的培训和经营指导。由此可见，双方的主要权利义务都是围绕加盟店展开的，确认加盟店所在地为合同履行地是比较合理的。因此，本案最终由河北省文安县人民法院审理是合理合法的。

之后河北省文安县人民法院裁定驳回被告的管辖权异议。

训练案例

管辖权异议案

2011 年 3 月，甲公司与乙公司签订一份供货合同，约定甲公司向乙公司提供一套价值 300 万元的机器设备，交货地为乙方公司，交货时间为 2012 年 6 月底，乙公司在收到机器设备后 10 日内付清货款。如双方在合同履行中发生纠纷，可向各自所在地法院起诉。

合同签订后，甲公司向乙公司提供机器设备比合同约定时间晚了 2 个月，乙公司以甲公司违约为由拒付货款。甲公司遂依据合同约定，向甲公司所在地法院（以下简称甲法院）提起诉讼，要求乙公司支付货款及违约金。乙公司在对甲法院提出管辖权异议的同时，向乙公司所在地法院（以下简称乙法院）提起诉讼，要求甲公司赔偿因迟延供货造成乙公司不能及时投产而带来的经济损失。甲公司以乙法院立案在后为由，向乙法院提出管辖权异议，要求乙法院将案件移送到甲法院合并审理。乙公司向律师咨询，此案到底应由哪个法院管辖，并委托律师进行代理。

【训练任务】通过该案例，拓展学生对合同争议解决方式的全面认识，从不同角度加深对《民事诉讼法》第 34 条、第 23 条的理解和实务操作能力。

【训练程序】1. 可由学生分组进行讨论，并由各组选派代表阐述该组的观点。

2. 持不同意见的学生可自由发言。

3. 由教师提出自己的意见并对各组观点进行点评。

【训练提示】1. 选择管辖是否有效？

2. 本案应由哪个人民法院管辖？

3. 适用《民事诉讼法》第 34 条、第 23 条的规定分析本案。

十、草拟、审查、修改合同的基本规范

知识储备

《合同法》第 12 条规定了合同一般应具备的条款，合同具备了这些条款，基本上就能把合同当事人之间的约定事项表述清楚。条款欠缺、内容疏漏的合同，将导致双方在履行中无约可依，也容易为诚信缺失者违约提供机会，不利于保护合同当事人的合法利益，也容易产生纠纷。

不同性质的合同，条款设置的侧重点也不同，如借款合同的侧重点为债务

人的还款；建设工程施工合同的侧重点为工程质量、工期、工程款的支付。不同性质的合同，条款设置内容也不一样，如出版合同要设置著作权保护的条款，技术转让合同要设置保密条款等。

更多的建立在实务操作基础上的经验积累，与合同相关的法律规定及专业知识的掌握，都是从事合同法律实务所不可或缺的。

草拟、审查、修改合同应注意的事项及基本流程：

1. 了解客户签订合同的原因、目的。

2. 确定所拟合同的性质。确定合同性质的目的是为了正确适用法律。

3. 了解与合同有关的所有法律，特别是法律、行政法规的禁止性规定。这是保证合同合法有效的前提。

4. 了解与合同有关的专业知识。往往客户可能比你更了解专业知识，不了解相关的专业知识和操作流程，法律将无用武之地。

5. 相关条款的设置需要技巧，例如可以选择对客户有利的争议解决方式，可以就合同的生效附条件等。

训练任务

本部分是对学生合同综合素质的训练。前面的合同内容的强化训练，其目的是为了让同学独自完成对合同的咨询服务，包括对合同的草拟及修改。

训练案例

【案例一】 草拟房屋租赁合同

李同学为了准备研究生考试，欲在学校附近居民区租赁一套住宅，期限为1年。经同学介绍，李同学联系到了王某，王某有一套60平方米的住宅闲置。经双方协商，就主要事项初步达成如下口头协议：李同学要对住宅进行简单的装修，租赁费用为一年10 000元，由于李同学经济原因，房租为每半年付一次，水、电、暖、物业费用由李同学支付。但王某也告诉李同学，听说租赁房屋所在小区要拆迁改造，如遇拆迁，李同学应无条件腾出。王某让李同学起草一份房屋租赁合同。

【训练任务】1. 在起草合同之前，应当审查、注意哪些事项？

2. 请为李同学草拟一份房屋租赁合同。

【训练程序】1. 学生分组拟定租赁合同。

2. 每组选派代表发言。

3. 其他学生发表不同意见。

4. 教师总结、点评。

【训练提示】1. 熟悉租赁合同的法律规定。

2. 熟悉租赁合同的规范文本。

【案例二】　　　　　　修改保管合同

请对下列合同进行修改、补充、完善。

汽车保管合同

甲方：李某

乙方：杨某

甲方因出国一年进修学习，特将自有小轿车一辆交由乙方保管，乙方同意保管，为此双方依据合同法的规定订立协议如下：

一、甲方小轿车系上海大众生产的 3000 型。

二、保管期间，甲方不支付乙方保管费。乙方可合理使用小轿车，但不得出借、出租。

三、甲方回国后，乙方应及时交还甲方并保证车况良好，能够正常使用。

四、保管期间，乙方使用形成的费用、违章罚款、交通事故、损毁由乙方负责。

甲方：

乙方：

年　月　日

【训练任务】掌握修改合同的程序、注意事项。

【训练程序】1. 学生分组修改合同。

2. 每组选派代表发言。

3. 其他组学生发表不同意见。

4. 教师总结、点评。

【训练提示】1. 了解合同的基本内容。

2. 文字的运用要精炼。

训练单元六 刑事法律咨询

知识储备

作为法律工作者，虽然刑事法律咨询并非其主要业务范围，但是面对刑事案件的咨询者，也应给予较为恰当准确的回答。刑事案件的咨询，无非基于当事人的不同而形成了不同的咨询方法和咨询思路。面对犯罪嫌疑人、被告人及其亲友的咨询，其方法、内容自然不同于自诉人、被害人的咨询。在面对不同咨询者时，法律工作者首先要明确自己在刑事诉讼中的地位、在刑事诉讼中的权利和义务，在接受咨询者的委托时，一定要告知这些内容以及诉讼中可能存在的权利限制所带来的不利后果。

一、犯罪嫌疑人、被告人的咨询应注意事项

（一）不同类型辩护人诉讼地位不同

任何人在遭遇司法机关追究刑事责任时，都有权针对被指控的罪行进行无罪、罪轻、减轻或者免除处罚的辩解和辩论。犯罪嫌疑人、被告人及其亲友的咨询无非是从辩护的角度进行的，作为法律工作者首先应当明确自己在刑事案件辩护方面能够起到的作用。我国刑事诉讼法对律师以外的辩护人的诉讼权利给予了很大限制，所以实践中，法律工作者一般不办理刑事案件，但是这并不是说法律工作者不能办理刑事案件。

我国《刑事诉讼法》第32条赋予了法律工作者作为辩护人的法律依据。在我国，辩护人的范围较广泛：律师、人民团体或者犯罪嫌疑人、被告人所在单位推荐的人、犯罪嫌疑人、被告人的监护人、亲友都可以被委托为辩护人。因此，我国刑事辩护不实行律师垄断制度，这是因为我国律师业尚不够发达，在很多地方从业律师数量不多，无法满足社会需求，法律工作者可以办理刑事案件辩护业务，但是考虑到律师以外的其他辩护人多是犯罪嫌疑人、被告人的亲友，刑事诉讼法又对这些辩护人的权利给予了很大限制，为此，法律工作者在办理刑事案件辩护时困难比较大，但仍必须尽心尽力、竭尽全力地维护犯罪嫌疑人或被告人的合法权利。

（二）接待犯罪嫌疑人、被告人或其近亲属的咨询

在接待犯罪嫌疑人、被告人或其近亲属时，首先，要认真听取有关案件事

实的陈述，并引导其客观叙述案件情况；其次，根据法律分析案件事实，确定当事人的法律责任；再次，根据案件所处诉讼阶段明确告知咨询者，作为法律工作者在办理刑事案件工作中的劣势，例如侦查阶段不能介入、没有调查取证的权利等；最后，在接受委托后，确定辩护的基本思路：无罪辩护或者有罪辩护。

二、自诉人的咨询应注意事项

自诉人是以个人名义直接向人民法院提起诉讼，要求追究被告人刑事责任的一方当事人。自诉人通常也就是该案件的被害人。在自诉案件中，自诉人的地位相当于原告，担当控诉职能。自诉案件咨询需注意的问题：

（一）自诉人的主要诉讼权利

包括：直接向人民法院提起自诉；随时委托诉讼代理人；在人民法院宣告判决前，有权同被告人自行和解或者撤诉；有权参加法庭调查和法庭辩论；有权申请审判人员以及书记员、鉴定人、翻译人员回避；有权对第一审人民法院尚未发生法律效力的判决、裁定提出上诉；有权对人民法院已经发生法律效力的判决、裁定提出申诉。

（二）自诉案件中的代理

自诉案件中的代理是指在自诉案件中，诉讼代理人接受自诉人的委托，在委托人授权范围内，代理参加诉讼，以维护自诉人合法权益的诉讼代理制度。作为法律工作者，在接受咨询时如果接受自诉人的委托，那么，自诉人应与诉讼代理人签订委托代理合同，载明代理事项、代理权限、代理期间等重大事项，代理权限中应特别注明代理人有和解权、撤诉权，如没有特别写明的，应视为诉讼代理人无上述权利。

（三）接待自诉人的咨询

首先，要认真听取自诉人对案件事实的陈述，并引导其客观叙述案件情况；其次，根据法律分析案件事实，确定当事人的法律责任；最后，根据自诉案件的相关法律规定，以及案件处理的各种方案的利弊分析，提出处理案件的综合意见，供当事人选择。同时，还要提醒自诉人，诉讼并不是自诉案件处理的唯一途径和最好的处理途径。

三、被害人咨询应注意事项

被害人与犯罪嫌疑人、被告人在刑事诉讼中是对立的，双方的诉讼权利都应当在刑事诉讼中予以保障，忽视双方中的任何一方都是片面的、不适当的。

对于被害人的咨询，一方面要客观地分析案件情况，了解被害人受害的原因、过程和后果，另一方面需要掌握被害人的诉讼权利及委托代理的基本规定。

（一）被害人的主要诉讼权利

1. 对人民检察院决定不起诉的案件，被害人不服的，可以向上一级人民检察院申诉，请求提起公诉，人民检察院应当将复查结果告知被害人；对于人民检察院维持不起诉决定的，被害人可以向人民法院起诉。被害人也可以不经申诉，直接向人民法院起诉。

2. 对于有证据证明对被告人侵犯自己人身、财产权利的行为应当依法追究刑事责任，而公安机关或人民检察院不予追究的案件，被害人有权向人民法院提起自诉。

3. 被害人不服人民法院的第一审判决、裁定的，有权提请人民检察院提起抗诉，人民检察院应将是否抗诉的决定告知被害人；被害人没有上诉权。

（二）被害人咨询应注意的事项

接受被害人咨询时，首先要了解案件情况，弄清对被害人有利和不利的各种情节。针对犯罪行为给被害人直接造成的各种危害和损失，结合被害人意见，提出咨询意见，维护被害人的合法权益。

训练任务

刑事案件的咨询基本有三种类型：犯罪嫌疑人、被告人及其亲友的咨询；自诉人及其亲友的咨询；被害人及其亲友的咨询。通过训练，我们应当掌握不同刑事案件咨询的基本方法、基本思路，掌握具体刑事案件咨询的基本要求。

训练任务一　犯罪嫌疑人、被告人有罪案件的咨询

如果根据案件情况，犯罪嫌疑人、被告人的行为已经构成犯罪，那么在接受咨询时就应当为犯罪嫌疑人、被告人确定基本的辩护思路为有罪辩护。如果当事人或其亲属坚持认为是无罪，则应在接受咨询时结合案件事实给予法律上的解释。做有罪辩护，应着重从案件定性，对犯罪嫌疑人、被告人从轻、减轻或者免除处罚等方面进行，即法律适用辩护和程序性辩护。

1. 法律适用辩护。法律适用辩护是指辩护人对控方提出的事实认定不持异议，但就该事实构成何种犯罪、犯罪性质、定罪量刑等提出与公诉机关不同的辩护意见。法律适用辩护包括：

（1）彼罪辩护。即根据罪刑法定原则，提出被告人的行为并不符合公诉机关指控罪名的具体法律规定，但符合另一个刑事责任较轻的罪名的规定，被告

人的行为涉嫌一个刑责较轻的犯罪。

(2)量刑辩护。即辩护人根据案件事实和犯罪嫌疑人、被告人的行为，提出的从轻、减轻或者免除处罚等方面的辩护。

2. 程序性辩护。程序性刑事辩护方法在现实中已被辩护方经常采用，这对预防、纠正司法机关违反刑事诉讼法的行为具有十分重要的意义。程序性刑事辩护是指在刑事辩护中以有关部门的侦查、起诉、审判活动程序违法为由，提出犯罪嫌疑人、被告人罪轻或者不应追究刑事责任的意见，以及要求对未依法进行的诉讼程序予以补充或者重新进行、对非法取得的证据予以排除等，从程序方面进行辩护的方法。

程序性辩护应是一种典型的刑事辩护方法。但根据学术界对刑事辩护的一般解释，对这类依据刑事诉讼程序规则进行的辩护，一般不予认可。刑事诉讼法对辩护所规定的只是"根据事实和法律"，虽然并未明确排除程序性的事实和法律，然而，人们对此均理解为，这里所谓的"事实"，是指刑事案件中的有关事实、证据；而"法律"则仅指刑事实体法律。司法实践也表明了对这种理解的认可。因此，在辩护实践中一般不采用程序性辩护。

◎ 示范案例

某故意伤害案辩护（王思军律师）

被告人和其他几个不认识的人同在一亲戚家喝酒，喝酒的过程中被告人与被害人因聊天起了争执，被告人的亲戚见情形不对便将被告人劝走。当被告人走出门口之后，受害人突然又上来拉拽被告人，被告人为了挣脱，便使劲一推，被害人的头正好撞到墙上，接着口吐白沫，后经抢救无效死亡。

本案在一审过程中，公诉机关公诉的罪名是过失致人死亡罪，但一审法院确定的罪名是故意伤害致人死亡罪，并判处被告人有期徒刑13年。

本案二审中，王律师接受被告人家属委托担任被告人的辩护人。接案后，通过阅卷、会见被告人等方式，王律师对本案进行了深入了解和仔细研究，认为判被告人构成故意伤害致人死亡罪显然不妥，应当属过失致人死亡。王律师成功运用法律适用的辩护，使被告人二审被改判为有期徒刑5年，维护了当事人的权益。

训练案例

黄某某受贿案

　　黄某某，某重点中学校长。2012 年 6 月底在学校教学楼改造工程中接受施工方好处费 10 万元；2012 年 12 月在学校购置多媒体教学设备时，接受供货方好处费 5 万元。

　　【训练任务】通过训练，使学生掌握有罪案件咨询的基本方法和基本思路。

　　【训练程序】学生两人扮演黄某某的亲属，是咨询者；两人扮演法律工作者，接受咨询。表演结束后，其余学生依次给予点评。最后由教师总结点评。

　　【训练提示】1. 法律工作者应当根据已学的犯罪嫌疑人、被告人一方咨询注意事项开展咨询。

　　2. 该案是典型的有罪辩护。咨询时应了解被告人可能存在的有利于其酌定量刑的情节，以及赃款退回等问题。

讨论案例

【案例一】　　　　　　　**张某某等过失导致在押人员脱逃案**

　　张某某、吴某某，某监狱警察，2011 年 8 月 19 日两人在监门值班。上午 10 点左右监狱警察朱某某带在押罪犯李某某、谢某某拉了一平板车猪饲料来到监狱大门。张某某、吴某某检查核对了出入人员后放行（未检查平板车）。朱某某到养猪场后进入休息室睡觉，11 点左右在押罪犯李某某、谢某某、王某某逃出监狱。原来，罪犯王某某与李某某、谢某某密谋，利用李某某、谢某某拉猪饲料之际脱逃。3 人脱逃后抢劫出租车一辆，杀害出租车司机一人。后在监狱组织的追逃活动中，三罪犯被抓获归案。2012 年 6 月张某某、吴某某、朱某某被检察院指控因过失导致在押人员脱逃罪被取保候审，案件进入一审。今天，张某某父亲前来咨询，并告知已咨询过两个律师，甲律师认为不构成犯罪，但是提醒张某某父亲在庭审时，张某某一定要态度诚恳地说："因我的工作失误导致在押三罪犯脱逃，导致出租车司机遇害，特向被害人家属致歉。"乙律师认为张某某已构成犯罪，应作有罪辩护。

　　【讨论问题】1. 三干警是否构成犯罪？

　　2. 甲律师不妥的做法有哪些？

3. 如何接待张某某父亲的咨询?

【讨论提示】1. 研究过失导致在押人员脱逃罪的构成要件。

2. 查找监狱大门值班人员的职责,是否应当检查出入的平板车辆,这是值班干警是否存在工作过失的关键。

3. 如果做无罪辩护,该案被告人能否承认自己存在工作过失?

4. 接待张某某父亲的咨询时,对不同律师的观点可以简要说明自己不同的观点,不要过多予以阐释。

【案例二】   药某故意杀人案

2010 年 10 月 20 日 23 时许,被告人药某驾驶红色雪佛兰小轿车从长安送完女朋友返回西安,当行驶至某大学长安校区外西北角学府大道时,撞上前方同向骑电动车的张某,后药某下车查看,发现张某倒地呻吟,因怕张某看到其车牌号,以后找麻烦,便产生杀人灭口之恶念,遂转身从车内取出一把尖刀,上前对倒地的被害人张某连捅数刀,导致张某当场死亡。杀人后,被告人药某驾车逃离现场,当车行至郭杜十字路口时再次将两情侣撞伤,逃逸时被附近群众抓获,后被公安机关释放。

2010 年 10 月 23 日,被告人药某在其父母陪同下到公安机关投案。经法医鉴定:死者张某系胸部锐器刺创致主动脉、上腔静脉破裂大出血而死亡。

【讨论问题】学生分组讨论:

1. 模拟接待药某父母的咨询,共同研究辩护策略。

2. 模拟辩护人拟定辩护意见。

【讨论提示】1. 注意接待被告人一方的注意事项。

2. 了解重大刑事案件的辩护策略。

训练任务二 犯罪嫌疑人、被告人无罪案件的咨询

在刑事诉讼实践中,公安机关的侦查工作往往注重对犯罪嫌疑人的犯罪事实进行侦查,尤其是对有罪、罪重的证据的收集;检察机关在审查相关犯罪证据时依然重视有罪证据,作为控诉一方的工作思路是不符合刑事诉讼法要求的,不能体现法律的公正。一个人涉嫌犯罪,就存在着可能犯罪也可能没有犯罪这两种情况,因此,事关犯罪嫌疑人、被告人生命、自由的无罪案件中,辩护人的无罪辩护就显得极为重要。作为法律工作者,在接待犯罪嫌疑人、被告人一方咨询时,要认真听取当事人对案件的叙述,在了解案件事实基础上,如果判断当事人是无罪的,就应当准备好无罪辩护的策略。无罪辩护的方法主要有:

法律适用辩护、程序性辩护、证据不足辩护。

1. 法律适用辩护。法律适用辩护一般有以下方法：

（1）被告不构成犯罪主体。根据刑法规定，被告人在以下情形下不构成犯罪主体：因精神原因不具备刑事责任能力；被告人犯罪时未满14周岁，或已满14周岁未满16周岁犯故意杀人、故意致人重伤或死亡、强奸、抢劫、贩毒、放火、爆炸、投放危险物质等8种罪以外的犯罪。

（2）根据案件事实，被告人具有自首、立功、犯罪预备、犯罪未遂、犯罪中止、在共同犯罪中处于从属地位、受威胁犯罪等有助于从轻处罚的事实和情节，并因此可以免除刑罚的。

（3）法律不认为是犯罪。如《刑法》第13条规定，"情节显著轻微危害不大的"不为罪；《刑法》第16条规定，因"不可抗力"或"不能预见"原因造成的危害行为不为罪；《刑法》第20条第1款规定，正当防卫不负刑事责任；《刑法》第21条第1款规定紧急避险不负刑事责任。

（4）法律不予追究。《刑法》第87条规定，已过追诉时效的不再追究；《刑事诉讼法》第15条规定的5种情形，不予追究。

（5）被告不具有犯罪主观要件。犯罪或由故意构成，或由过失构成。以故意为犯罪构成要件的犯罪因被告不具有主观故意而不构成该故意犯罪。以过失为犯罪构成要件的犯罪，因被告不具有过失而不构成该过失罪。既无故意也无过失则不构成任何犯罪。

（6）不符合犯罪构成的客观要件。即被告人客观上未实施犯罪行为。

2. 程序性辩护（即从办案机关程序违法方面进行辩护）。《刑事诉讼法》第50条规定："审判人员、检察人员、侦查人员必须依照法定程序，收集能够证实犯罪嫌疑人、被告人有罪或者无罪、犯罪情节轻重的各种证据。严禁刑讯逼供和以威胁、引诱、欺骗以及其他非法的方法收集证据……"《刑诉解释》第63条规定："证据未经当庭出示、辨认、质证等法庭调查程序查证属实，不得作为定案的根据，但法律和本解释另有规定的除外。"因此，程序性辩护仍然可以作为一种辩护的方法运用，辩护人对控方违反程序取得的证据可以请求法庭予以排除，以此达到控诉机关指控依赖的证据不足的目的，为被告人做无罪辩护。

3. 证据不足辩护。刑事案件中，证明犯罪嫌疑人、被告人有罪的证明责任由侦查、起诉机关承担。作为追诉机关，如果侦查机关、公诉机关不能做到证据确实充分，刑事案件就应当作出无罪处理。作为法律工作者，在接待犯罪嫌疑人、被告人及其亲属咨询时，如果判断刑事案件证据不足，则应当为犯罪嫌疑人、被告人提供无罪辩护的咨询意见，并建议辩护时可以对追诉机关的证据提出反驳，陈述并证明追诉机关不能确凿地证明当事人犯罪。作为咨询者，应当明确证据不足辩护是无罪辩护中最为常见的类型，采用证据不足辩护方法，要掌握以下基本方法：

（1）"孤证"不能定案。"孤证"即单一的证据。"孤证"由于不能得到印证，其自身的真实性无法得到确认，不能得到真实性确认的证据自然不能充分地证明案件事实，如在凶杀案件中，仅仅有侦查机关获得的犯罪嫌疑人口供，司法机关是不能定罪量刑的。

（2）排除不合法、不真实、与案件无关联的证据。对被追诉者的犯罪指控是由一系列证据来支持的，如果追诉机关有罪指控的主要证据不合法、不真实或与案件事实没有关联性，则这些证据就要从其证据体系里排除出来，这就有可能导致追诉机关的犯罪指控因缺乏证据而不能成立。不合法证据，是指证据来源或提取程序不合法，如以刑讯逼供和威胁、引诱、欺骗以及其他非法方式获取的证据。不真实证据，是指证据内容不真实，是虚假的。如证人提供伪证，书证是伪造的，视听资料是剪辑伪造的，鉴定人作虚假鉴定等。证据与案件事实没有关联，是指证据同案件事实没有联系，不具备证明案情的实际意义，如证人的证词和案件事实无关，书证和视听资料的内容和案件事实无关，物证和案件事实无关等。

（3）证据不能构成证据链不能定案。有时追诉机关的证据看似庞杂，但其证据之间缺乏联系，不能形成证据锁链，因而起不到证明被追诉者犯罪的作用。

（4）证据不充足不能定案。如控辩证据相冲突，控方证据不能否定辩方的证据；控方证据不能排除合理怀疑。

《刑事诉讼法》第195条提到的只有"案件事实清楚、证据确实充分"才能判定有罪的规定，事实上确立了认定被追诉者有罪的证明标准，即有罪证据必须确实充分。如果达不到这一证明标准，则属于证据不充分，审查起诉机关应当考虑作存疑不起诉处理；如果案件诉至人民法院，人民法院不能做有罪认定，只能根据"疑罪从无"原则，作出无罪判决。

◉ 示范案例

J某不构成骗取贷款罪

公诉机关指控：①2012年3月20日，被告人J某以A公司名义向A银行申请了200万元贷款，在取得贷款后，J某改变贷款用途，用于偿还欠款；②2011年9月，被告人J某以A公司名义向B银行申请了173万元贷款，在取得银行贷款后，J某虚构资金流，改变贷款用途，在银行贷款到期后，其无力偿还此笔贷款。公诉机关认为，被告人 J 某以欺骗手段骗取银行贷款，其行为触犯了《刑法》第 175 条，犯罪事实清楚，证据确实充分，应当以骗取银行贷款罪追究刑事责任。

沈英华律师接受委托为当事人家属提供咨询后，确定了无罪辩护，并提供了以下无罪辩护的理由：

1. 关于 A 银行的 200 万元贷款。A 银行出具的《情况说明》证明：2011 年 3 月，A 公司、B 公司、C 公司以联保形式在 A 银行贷款，其中 A 公司贷款额度为 200 万元。贷款到期后，B 公司和 C 公司按时偿还了各自贷款，A 公司因资金紧张，归还贷款后又办理了续贷，由 B 公司和 C 公司继续担保。担保人 B 公司和 C 公司已代为偿还了 A 公司全部贷款，没有给 A 银行造成损失，A 银行未认定被告人骗取贷款，未向司法机关报案。

A 银行提供的第一次借款手续、担保合同，第二次借款合同、担保合同，以及账户交易流水清单，证明 A 公司于 2012 年 3 月 20 日偿还 A 银行 200 万元贷款，当天即与 A 银行续签《借款合同》，第二天 A 银行又将 200 万元发还 A 公司，证明第二次贷款是续贷，A 银行没有发放新的贷款，被告人的主观目的是延长原先贷款的还款期限，没有骗取 A 银行发放新贷款的故意。

另据 J 某供述："我公司在 2011 年 3 月，向 A 银行申请了一笔 200 万元的贷款，这 200 万元是 B 公司、C 公司和我公司三家联保的，后来在 2012 年 3 月贷款到期之后，另外两家公司把贷款还了，我公司资金紧张就没有还，我就和银行和另外两家公司商量，由另外两家公司为我公司担保，续贷一年还是半年。"该供述同样可以证明该笔贷款是续贷，并且 A 银行知道实情。J 某的另一供述说明，其借了 H 某 200 万元还了 A 银行，当天又与 A 银行签订《借款合同》借了 200 万元给 A 公司，被告又还了 H 某，证明被告公司确实是续贷，是借新还旧。

显而易见，被告人 J 某不存在骗取贷款的主观故意，客观上 A 银行也没有发放新的贷款。

2. 关于 B 银行 173 万元贷款。B 银行提供的《A 公司情况说明》及还款凭证证实：A 公司是自 2011 年 4 月 2 日起在 B 银行累计流动资金贷款共 10 笔，贷款总金额 1666.05 万元，截止到 2012 年 12 月 25 日，共归还贷款 7 笔，金额 1387.5 万元，现贷款余额 278.55 万元，以上贷款合法有效，B 银行没有起诉，A 公司已做了还款计划，证明 A 公司是在不断地借款又还款，还款后又借款，其实质性质仍是续贷，J 某的主观愿望是延长原贷款的还款期限，没有骗取 B 银行发放新贷款额度的故意，客观上 B 银行也没有发放新的贷款额度。并且，A 公司"贷款"173 万元后，又归还了 B 银行贷款远超 173 万元，公诉机关无法证明归还的不是 173 万元这一笔，指控被告人无力偿还事实不清，证据不足。

另据 J 某供述，"这笔贷款的金额是 173 万元，是我……在 2011 年 8 月份向 B 银行申请办理的"，"我就采取从银行贷款以新还旧的方法……来偿还以前银行的贷款本金及利息"，同样可以证明 J 某是开始还款以后又借款，实质意义是续贷，是借新还旧，和 D 公司签订合同只是续贷的形式，J 某没有欺骗银行的故意。

依据《刑法》第 175 条规定："以欺骗手段取得银行或者其他金融机构贷款……给银行或者其他金融机构造成重大损失或者有其他严重情节的，处 3 年以下有期徒刑或者拘役，并处或者单处罚金。"该条说明构成本罪的条件为：一是以欺骗手段取得银行贷款；二是给银行造成重大损失或者有其他严重情节。

但是，依据《公安部经侦局关于骗取贷款罪和违法发放贷款罪立案追诉标准问题的批复》第 2 条"关于给银行或者其他金融机构'造成重大损失'的认定问题"的规定，如果银行或者其他金融机构仅仅出具"形成不良贷款数额"的结论，不宜认定为"重大经济损失数额"；第 3 条"关于骗取贷款具有'其他严重情节'的认定问题"规定，通过持续"借新还旧"以及民间借贷方式偿还贷款的行为，不能简单认定为"其他严重情节"。

显而易见，虽然被告人办理续贷的方式有不妥之处，但主观上并不是为了骗取银行发放新的贷款，而是为了续贷，说白了就是延长还款期限，客观上银行也没有发放或增加新的贷款额度。并且公诉机关没有确实充分的证据证明 J 某的行为已给银行造成重大损失或具有其他严重情节，银行甚至没有认定已形成不良贷款，更没有向司法机关报案，公诉机关指控 J 某犯骗取贷款罪事实不清，证据不足，不能成立。

法院最终判决 J 某行为不构成骗取银行贷款罪。

训练案例

张甲、张乙叔侄被冤案

2003 年 5 月 18 日晚 9 时许，被害人王某（被害时仅 17 岁）经他人介绍搭乘张甲、张乙驾驶送货去上海的皖 J·11260 解放牌货车,途经浙江省临安市昌化镇,次日凌晨 1 时 30 分到达杭州市天目山路汽车西站附近。被害人王某离开汽车西站后于 2003 年 5 月 19 日早晨被人杀害,随后尸体被抛至杭州市西湖区留下镇留泗路东穆坞村路段的路边溪沟。张甲、张乙作为重大犯罪嫌疑人被杭州警方逮捕。

虽然早在 2003 年 6 月 23 日,杭州市公安局作出《法医学 DNA 检验报告》,认为所提取的从被害人王某 8 个指甲末端检出的混合 DNA 谱带是由死者王某和一名男性的 DNA 谱带混合形成,并排除张甲、张乙与王某混合形成。本来据此可以判断王某被害另有凶手,但是,杭州"女神探"聂海芬主办此案却给张甲叔侄带来了 10 年牢狱之灾。

2013 年 3 月 26 日,浙江省高级人民法院依法对张甲、张乙强奸再审案公开宣判,撤销原审判决,宣告张甲、张乙无罪。浙江省高级人民法院再审认为公安机关在侦查本案时,侦查程序不合法,相关侦查行为的一些方面确实存在不规范或个别侦查人员的行为存在不文明的情况,不能排除公安机关在侦查过程中有以非法方法获取证据的一些情形。本案定案的主要证据是两原审被告人的有罪供述,该供述依法不能作为定案的依据,应宣告两原审被告人无罪。

【训练任务】通过训练,使学生掌握无罪案件咨询的基本方法和基本思路。

【训练程序】一组学生扮演张甲父亲、妻子等亲属,是咨询者。一组学生扮演法律工作者,接受咨询。咨询情境为张甲、张乙二审有罪判决生效后家属的咨询。表演结束后,其余学生依次给予点评。最后教师总结点评。

【训练提示】1. 学生应熟悉无罪辩护的几种类型,熟悉该案属于哪一种无罪辩护。

2. 查找并掌握生效判决申诉的法律规定。

3. 认真听取咨询者陈述后,提供申诉的策略给咨询者,并解答咨询者的问题。

【课后拓展】迟来的正义非正义。虽然迟来的正义使当事人的权益最终得以救济,但是,由于其迟来客观上已经对当事人造成了种种伤害。因此,法律职业者要像防范洪水猛兽一样防范冤假错案,宁可错放,也不可错判。

训练任务三 自诉人的咨询

咨询者在接受自诉人咨询时,必须把握好以下注意事项:

1. 接受咨询时,首先应当分析案件是否属于自诉案件,是否属于人民法院直接受理的范围,自诉的主体是否适格;其次要分析自诉人指控被告人犯罪事实是否清楚，有无足够证据予以证明，如果是公诉转为自诉的案件，还应当有公安机关或人民检察院作出的不予追究被告人刑事责任的诉讼文书；最后应当分析案件是否已过追诉时效。

2. 接受咨询时，与咨询者共同分析处理该案件的最佳途径，诉讼不是自诉案件处理的唯一妥善方法，自诉案件更应该寻求思想深处的矛盾并予以化解，充分利用自诉案件可以调解、和解、撤诉的制度。例如：甲乙是邻居，甲翻盖房屋时，甲乙对界墙的位置发生争执，在甲乙打架过程中，乙方受到轻伤。法律工作者在接受咨询时建议赔偿和解的方案，得到甲乙双方的认可，使邻里间的矛盾降到最低，这对于维护被害人的合法权益，对于维护安定团结的社会秩序和社会主义法制的尊严，都有重要意义。

3. 接受委托后，应积极收集证据，协助自诉人履行举证责任。在自诉案件中，如果自诉人不能举证，将面临败诉的风险，因此，代理人应进行必要的调查，帮助自诉人尽可能收集有关的证据。如果案件证据难以收集，最好建议自诉人向公安机关控告，放弃自诉，进行公诉。

4. 在接受委托查阅全部案卷之后，应与委托人及时进行有针对性的交流。交流应紧紧围绕如下几个方面去进行：①引导当事人重点介绍本案件纠纷的发生、发展直到诉讼的经过事实，以判断是非责任，进一步明确双方的争议焦点与诉讼请求。②要求当事人说明本案件当事人与证人、第三人之间的关系，特别是恩怨利害关系，以判定证据来源及其证明力。

训练案例

王甲侮辱案

2003年初，李某陪同父亲来齐鲁医院治病，由王乙帮忙在济南租赁了房屋，由此引发了王乙夫妻间的矛盾。2005年，法院判决王乙夫妻二人离婚。此后，王乙的女儿王甲先后两次进京到中纪委举报父亲"包二奶"，后又创办网站，在网上公开父亲的"劣迹"。此举引起网民的极大关注。面对女儿的举报和声讨，王乙最初一直保持沉默。

由于王甲的恶意炒作，王乙"包养"李某一度成为社会热点，搜索的相关网页达500多页。王甲在没有证据的情况下，故意捏造事实，侮辱、诽谤李某，给其人格、名誉造成巨大伤害，造成严重社会影响，情节十分恶劣。

　　法院经审理查明，王甲自办"反包二奶"网页，后通过注册开办了"父亲不如西门庆"的网站，将自己向有关纪检部门举报的材料在网上公布。在其撰写的文章中，使用了若干侮辱李某的语言。结案前，王甲未将相关文章在网站上删除。法院认为，王甲的行为侵犯了李某的名誉权，使李某的名誉受到伤害，情节严重，其行为构成侮辱罪。

　　王甲，一个女大学生，在没有任何证据证明其官员父亲包养了李某的情况下，仅仅凭着所谓的道听途说、推测，就肆意地在网站上侮辱他人并获刑，令人遗憾，催人深思。

　　【训练任务】通过训练，使学生掌握自诉案件咨询的基本方法和基本思路。

　　【训练程序】一组学生扮演李某及其亲属，是咨询者；一组学生扮演法律工作者，接受咨询。表演结束后，其余学生依次给予点评。最后由教师总结点评。

　　【训练提示】1. 分析该案是否属于自诉案件？学生应查找该案侮辱行为是否达到"情节严重"，是民事侵权还是犯罪？

　　2. 自诉人李某应当提供哪些证据？

　　3. 自诉人如果没有证据，李某还有哪些司法救济途径？

讨论案例

周某拒不执行判决、裁定罪

　　2008 年，被告人周某驾驶电动三轮车将陈某撞伤，当时法院判决周某支付赔偿款 6 万多元，但是周某一直没有付款。在随后的两年里，法院两次发出执行通知书，也曾对其进行司法拘留，但周某仍然拒不执行。2010 年 8 月 2 日，被告人周某得到一笔土地补偿款共计 6 万多元，但是当天该款就被取出，并挪作他用。

　　【讨论问题】1. 周某是否构成拒不执行判决、裁定罪？

　　2. 学生分组讨论该案中陈某的司法救济途径，即接待陈某咨询时的基本思路。

　　【讨论提示】1. 该类案件中，陈某的最佳救济途径是向公安机关报案，公安机关通过侦查收集周某的犯罪行为，最终通过追究周某刑事责任来督促其尽快履行生效判决。

　　2. 讨论该类案件作为自诉案件处理的利弊。

　　3. 拒不执行判决、裁定罪是指对人民法院的判决、裁定有能力执行而拒不执行，情节严重的行为。犯该罪的，处 3 年以下有期徒刑、拘役或者罚金。该罪主要表现为下列情形：①被执行人隐藏、转移、故意毁损财产或者无偿转让财产、以明显不合理的低价转让财产，致使判决裁定无法执行的；②担保人或者被执行人隐藏、转移、故意毁损或者转让已向人民法院提供担保的财产，致使判决、裁定无法执行的；③协助执行义务人接到人民法院协助执行通知书后，拒不协助执行，致使判决、裁定无法执行的；④被执行人、担保人、协助执行义务人与国家机关工作人员通谋，利用国家机关工作人员的职权妨害执行，致使判决、裁定无法执行的；⑤其他有能力执行而拒不执行，情节严重的情形。

训练任务四　被害人咨询

接待公诉案件中被害人的咨询，有可能会在咨询结束后接受委托成为被害人的诉讼代理人，为此，作为法律工作者应明确被害人的诉讼代理人的诉讼地位：担任被害人的诉讼代理人，其职责是根据事实和法律追究被告人的责任，维护受害人的合法权益。担任被害人的诉讼代理人，在法庭审理过程中与公诉人同属控诉方，应当与公诉人相互协作、密切配合。

在接待被害人咨询中可以根据案件所处的诉讼阶段提出具体的咨询意见：

1. 侦查阶段。根据我国《刑事诉讼法》规定，公诉案件的被害人及其法定代理人或者近亲属、附带民事诉讼的当事人及其法定代理人，自案件移送审查起诉之日起，有权委托诉讼代理人。在侦查阶段，刑事被害人实际上是无权委托他人担任诉讼代理人的，因此法律工作者在侦查阶段接受咨询时，应以围绕控告、不立案、民事赔偿等方面提供法律咨询意见为主。

《刑事诉讼法》第 108 条第 2 款规定，被害人对侵犯其人身、财产权利的犯罪事实或者犯罪嫌疑人，有权向公、检、法机关报案或者控告。针对报案、控告方面的咨询，法律工作者主要结合立案管辖的规定，帮助被害人分析接受报案或控告的机关，帮助被害人准备相关文书和证据材料。

在侦查阶段，针对司法机关的不立案确定被害人的寻求救济的途径。《刑事诉讼法》第 110 条和第 111 条规定了被害人对于不立案的两种救济方式：一是向原作出不立案决定的机关申请复议；二是向检察院提请监督。检察院认为公安机关不立案理由不能成立的，应当通知公安机关立案，公安机关接到通知后应当立案。

被害人的民事赔偿方式包括刑事附带民事诉讼、单独提起民事诉讼。刑事附带民事诉讼，也就是在追究被告人刑事责任的同时，向被告人提起民事诉讼，二者合并审理，一并解决被告人的刑事责任和民事责任。在我国司法实践中，人民法院仅对人身伤害案件允许提起附带民事诉讼，其他案件均被排除在附带民事诉讼之外，因此，被害人的民事赔偿在侦查阶段即可提出，以提起附带民事诉讼的方式进行权利保护。

2. 审查起诉阶段。审查起诉阶段被害人享有的权利主要有：委托诉讼代理人参加诉讼的权利；对于不起诉决定享有申诉的权利，或者向人民法院提起自诉的权利；发表意见的权利。为此，法律工作者可以接受委托开展工作。

《刑事诉讼法》第 176 条规定，对于有被害人的案件，决定不起诉的，人民检察院应当将不起诉决定书送达被害人。被害人如果不服，可以自收到决定书后 7 日以内向上一级人民检察院申诉，请求提起公诉。人民检察院应当将复查决定告知被害人。对人民检察院维持不起诉决定的，被害人可以向人民法院起诉。被害人也可以不经申诉，直接向人民法院起诉。人民法院受理案件后，人民检察院应当将有关案件材料移送人民法院。法律工作者要充分利用审查起诉阶段对被害人权利保护的这些规定，为被害人提供有力的法律帮助。

3. 审判阶段。在审判阶段，被害人经审判长许可，可以向被告人、证人、鉴定人发问；对在法庭上出示或宣读的物证、证人证言、鉴定结论、勘验、检查笔录等证据，可以发表意见；被害人有权申请通知新的证人到庭，调取新的物证，申请重新鉴定或勘验；有权参加法庭辩论；被害人不服地方各级人民法院的一审判决，可以依法请求人民检察院提出抗诉；有权提起附带民事诉讼等。

法律工作者在公诉案件审判阶段可以作为被害人及被害人法定代理人、已死亡被害人的近亲属或者附带民事赔偿原告人的代理人参与诉讼。代理人可以查阅、摘抄、复制案件诉讼文书、技术性鉴定材料；可以申请合议庭组成人员回避；可以对所有当庭出示的证据发表质证意见；可以对被告人定罪量刑发表意见；经法庭许可，可以与公诉人或者辩护人进行辩论；可以代为提起附带民事赔偿请求，代为申请抗诉；等等。

讨论案例

李某某等五人强奸案

2013 年 2 月 19 日，北京警方接到一女事主报警称，2 月 17 日晚，她在海淀区某酒吧内与李某某等 5 人喝酒后，被带至一宾馆内遭轮奸。2 月 21 日，包括李某某在内的 5 人被公安机关抓获。

北京市海淀区法院于 9 月 26 日一审以强奸罪分别判处李某某（未成年人）有期徒刑 10 年；王某（成年人）有期徒刑 12 年，剥夺政治权利 2 年；

魏某某（兄）（未成年人）有期徒刑4年；张某某（未成年人）有期徒刑3年，缓刑5年；魏某某（弟）（未成年人）有期徒刑3年，缓刑3年。李某某及其法定代理人和同案人王某不服提出上诉。11月27日，北京市第一中级人民法院终审宣判，裁定驳回上诉，维持原判。

【讨论问题】这是轰动2013年的一起刑事案件。通过模拟对本案被害人提供法律咨询，了解对被害人咨询的基本方法、基本思路。

【讨论提示】1. 分组讨论案发后被害人的应对策略，讨论案件进入诉讼程序后各个阶段参加诉讼的准备工作。

2. 针对犯罪嫌疑人、被告人及其法定代理人的无罪辩护，讨论被害人的应对策略。

训练案例

某大学研究生林某投毒杀人案

2013年4月11日，上海市公安局文化保卫分局接某大学保卫处报案称：某大学枫林校区2010级硕士研究生黄某自4月1日饮用了寝室内饮水机中的水后出现身体不适，有中毒迹象。警方锁定黄某同寝室同学林某有作案嫌疑。4月12日，林某被警方刑事拘留。4月16日，黄某经救治无效去世。

2013年11月27日，上海市第二中级人民法院公开开庭审理某大学寝室投毒案，被告人林某被控以投毒方式故意杀人。起诉书指控称，林某与被害人黄某居住在同一寝室内。林某因琐事与黄某不和，逐渐对黄怀恨在心。3月31日，林某将剧毒化学品注入宿舍内的饮水机中，致黄某中毒不治身亡。

【训练任务】通过训练，使学生掌握公诉案件被害人咨询的基本方法和基本思路。

【训练程序】一组学生扮演黄某的亲属，是咨询者；另一组学生扮演法律工作者，接受咨询。表演结束后，其余学生依次给予点评。最后由教师总结、点评。

【训练提示】1. 咨询的重点是被告人的刑罚上限。法律工作者对此应根据案件实际情况有一个基本的判断。

2. 关于是否接受被告人的道歉、是否给予被告人谅解的问题，法律工作者应当根据被告人的主观恶意给咨询者一个建议，而不要根据个人的喜好作出决定。

3. 涉及附带民事诉讼的规定，要结合被告人的财力分析提起附带民事诉讼的实际意义，并提出咨询意见。

【相关资料】1. 庭审中，黄某的多名家人到场旁听。下午休庭期间，黄某的母亲在法院大厅内痛哭，难以控制情绪。黄某的父母表示，没有要求林家赔偿，但坚决要求判处林某死刑。休庭期间，双方家人保持了距离。林家的经济条件较差，林母患有风湿性心脏病，这些年看病，已经花光了家里的积蓄，所以没有能力对黄家作出赔偿。

2. 2014 年 2 月 18 日，上海市第二中级人民法院公开宣判：被告人林某犯故意杀人罪，判处死刑，剥夺政治权利终身。